DAS GROSSE BUCH VOM

DIY*

* *(do it yourself)*

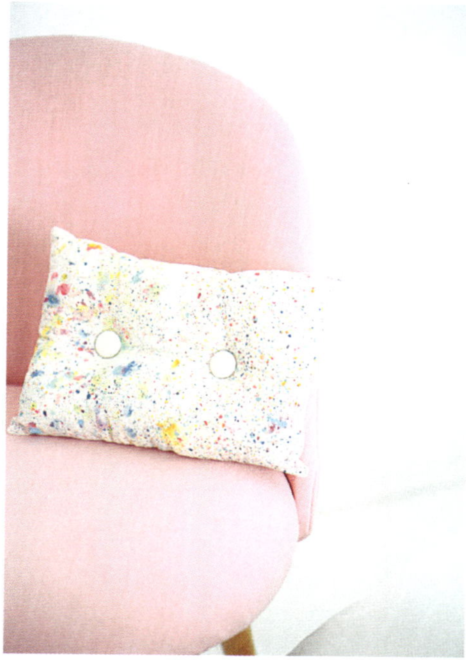
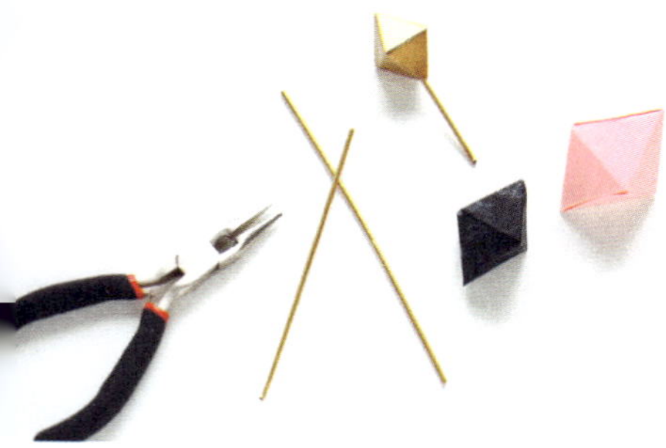

ÉMILIE GUELPA

DAS GROSSE BUCH VOM DIY*

** (do it yourself)*

Umschau

EINLEITUNG

Dieses Buch begann mit einer Feststellung: DIY liegt heute mehr denn je im Trend. Ob man aus wirtschaftlichen Gründen lieber produziert statt konsumiert oder aus purer Freude selbst Hand anlegt, die Begeisterung über das 100 % Handgemachte war nie größer, sei es beim Nähen, Modellieren von Ton oder Gestalten von Papier. Aber warum sollte man sich nur auf einen Werkstoff beschränken, den man kennt und aus dem Effeff beherrscht? Warum nicht etwas völlig Neues in Angriff nehmen, das man schon immer einmal ausprobieren wollte? Und warum nicht mit Techniken und Materialen arbeiten, an die man bislang nicht einmal dachte?

Mit diesem Buch, das nicht nach Objekten, sondern nach Werkstoffen eingeteilt ist, haben Sie eine gute Starthilfe zur Hand, um kreatives Neuland zu betreten. Sie können in jedem Kapitel ein anderes Material erkunden, bekommen es ausführlich erklärt und können selbst entdecken, wie geschmeidig, kalt, warm, glatt oder rau es ist, und wie Sie es „bändigen" können. Lassen Sie Ihrer Kreativität freien Lauf und Ihre Gefühle in die Werkstoffe mit einfließen. Das ist das Ziel dieses Buches. Nun sind Sie an der Reihe. An das Werkzeug – fertig – los!

ÉMILIE GUELPA

INHALT

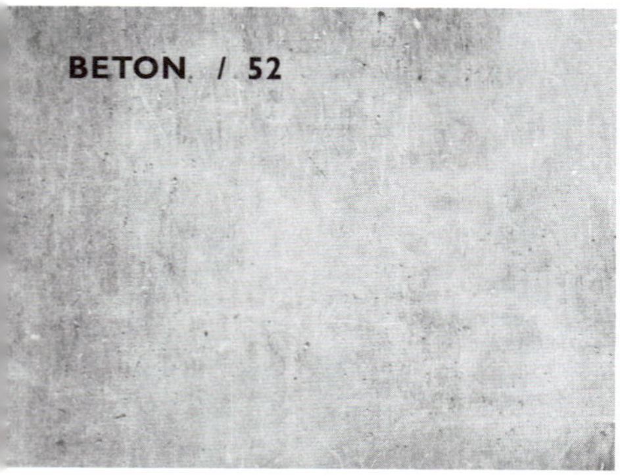

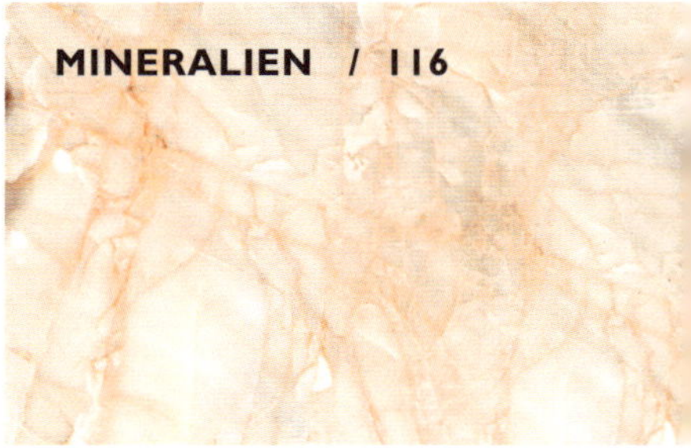

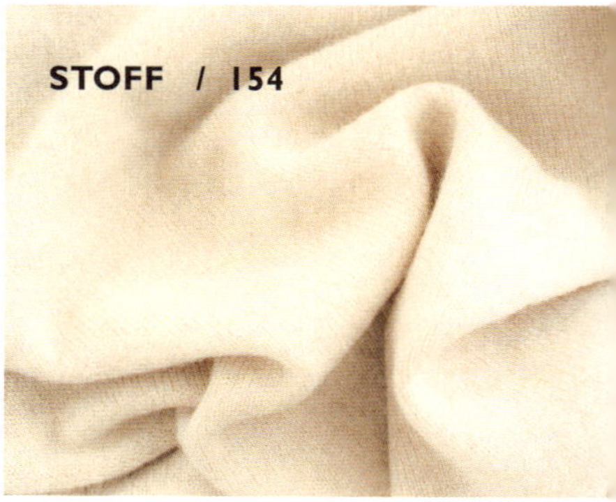

PH1 PH2 PH3 4 6 7 PZ1 PZ2 T20 T25

WERKZEUGKASTEN

HEISSKLEBEPISTOLE

Die Heißklebepistole ist ein unverzichtbares Werkzeug für viele Projekte in diesem Buch! Mit ihr können Sie zahlreiche Dinge kleben, und zwar schnell, effizient und fast dauerhaft. Bevor Sie das Gerät einsetzen, lassen Sie es einige Minuten vorheizen. Aber Vorsicht bei der Handhabung, denn der Kleber ist sehr heiß und Sie können sich verbrennen. Fließt der Leim über die Klebestelle hinaus, lassen Sie ihn ein paar Minuten trocknen und entfernen ihn dann vorsichtig.

DREMEL

Der Dremel ist ein Multifunktionswerkzeug, mit dem man nicht nur viele Materialien schleifen, schneiden und sägen, sondern vor allem sehr präzise arbeiten kann. Zum Beispiel können Sie damit feinste Gravuren auf Holz anbringen, aber auch leicht Kupferrohre zuschneiden. Der Dremel ist nicht unbedingt erforderlich, doch wenn Sie Präzisionsarbeit lieben, brauchen Sie dieses Werkzeug auf alle Fälle. Es ist eine Investition, die Sie nicht bereuen werden.

SÄGE

Die Säge kommt bei mehreren Projekten in diesem Buch zum Einsatz. Wählen Sie eine kleine und unkomplizierte Handsäge mit leicht austauschbaren Sägeblättern, die Sie gut handeln können. Kaufen Sie am besten gleich mehrere oder einen Satz Sägeblätter, damit Sie neben den universellen auch spezielle für Holz und Metall haben. Sehr praktisch ist auch ein Schraubstock, den man am Tisch befestigen kann, um Objekte zum Sägen festzuklemmen.

FARBEN

Wenn Sie Projekte aus diesem Buch umsetzen, verwenden Sie verschiedene Arten von Farben. Grundsätzlich sollten Sie immer Farben von guter Qualität einsetzen, damit Ihre Projekte lange Zeit gut aussehen. Dies gilt sowohl für Spüh- als auch für Acrylfarben. Stofffarben können Sie in Geschäften für Bastelbedarf und Handarbeiten erwerben.

KLEBSTOFFE

Zusätzlich zur Heißklebepistole benötigen Sie auch andere Klebstoffe: einen flüssigen Kontaktkleber für große Objekte (zum Beispiel um einen Spiegel aufzukleben), einen extrastarken Alleskleber mit sehr feiner Düse, um Schmuck zu kleben, Lackleim zum Verkleben von Papier und einen Textilkleber. Für Kupfer gibt es einen speziellen Klebstoff, den Sie in Baumärkten erhalten.

HANDBOHRMASCHINE

Ein kleiner Handbohrer ist für einige Projekte sehr nützlich. Sie können mit dem Dremel sehr feine Löcher bohren, planen Sie aber auch Bohreinsätze in anderen Größen ein. Sie werden mit verschiedenen Materialien arbeiten und von daher spezielle Bohrer zum Beispiel für Holz oder Glas brauchen. Wie beim Sägen empfiehlt es sich auch beim Bohren, die Objekte vorher zu fixieren.

ZANGEN

Eine Auswahl von Zangen ist immer nützlich, besonders beim Schmuckbasteln. Dafür brauchen Sie mindestens zwei, eine Mehrzweckzange zum Biegen und Montieren der Verschlüsse, Spangen, Spaltringe usw., sowie einen Seitenschneider, um Ringe, Drähte und andere Messingteile zu schneiden. Beide Zangen sind für verschiedene Zwecke nutzbar und hilfreich. Auch eine Rundzange sollte nicht fehlen, es gibt nichts Besseres zum Biegen und Rollen von Draht.

CUTTER & SCHEREN

Es gibt verschiedene Arten von Scheren, von denen sich jede für einen anderen Zweck besonders eignet. Für Stoffe verwenden Sie eine Schneiderschere, mit der Sie nichts anderes als Stoff schneiden, sonst werden die Klingen stumpf. Für Papier nehmen Sie eine kleine Schere oder einen Cutter, der wie ein kleines Skalpell aussieht. Sehr nützlich ist auch eine Schneidematte, in erster Linie natürlich zum Schneiden, aber ebenso zum Kleben, Schmirgeln, Polieren ...

IHRE HÄNDE!

Man vergisst sie oft, aber sie sind unser wichtigstes Werkzeug – zu 100 % kostenlos und multifunktional! Mit Ihren Händen formen Sie den Teig für Keramik oder flechten Fäden. Der Tastsinn ist das A und O beim Erschaffen von Objekten, er ermöglicht die Feinarbeiten, durch die sie den letzten Schliff bekommen. Doch passen Sie gut auf, um Verbrennungen, Schläge oder Schnitte zu vermeiden. Hände sind nicht austauschbar!

niceday

TIPPS UND TRICKS

PIKTOGRAMME

◆◇◇ | ◆◇◇ | ◆◇◇

Drei Symbole zusammen mit drei weißen oder schwarzen Rauten stufen jedes Objekt nach Schwierigkeit, Dauer und Kosten ein (drei schwarze Rauten bedeuten die höchste Stufe). Die Uhr gibt an, wie zeitaufwendig die Ausführung sein wird. Der Hammer symbolisiert den Schwierigkeitsgrad und das Preisschild weist auf die Höhe der Kosten hin, mit denen Sie für das Objekt rechnen müssen.

MATERIAL

Machen Sie sich, bevor Sie anfangen, zuerst ein paar Gedanken zur Ausrüstung (auf den Vorseiten finden Sie ein Foto und eine Auflistung der für die meisten Projekte benötigten Materialien). Auch zu Beginn der Kapitel werden Werkzeug und Material auf Bilddoppelseiten vorgestellt, sodass Sie alles auf einen Blick sehen. Und zudem enthält jede Projekt-Anleitung eine komplette Aufzählung des verwendeten Materials. Überprüfen Sie erst Ihre Einkaufsliste und legen Sie dann los!

NEUGIERDE

Neugier ist das Fundament jeder Kreation! Stellen Sie hemmungslos Fragen zu den Objekten, die Ihnen gefallen, betasten Sie die Formen, drehen Sie sie in alle Richtungen und versuchen Sie herauszufinden, wie sie gemacht wurden, um sie zu Hause nachzuarbeiten. Das ist die Basis für Kreativität! Sehen Sie sich um, blättern Sie in Zeitschriften, suchen Sie im Web nach Trends, kurzum, bleiben Sie immer neugierig! Jede Idee ist gut, um sie in ein Werk zu verwandeln!

HANDWERKER

Falls Sie bei bestimmten Techniken an Ihre Grenzen stoßen – etwa beim Sägen großer Stücke, Schneiden von Kupfer oder Umgang mit der Nähmaschine –, sollten Sie sich immer vor Augen führen, dass es etliche Handwerksbetriebe gibt, die Ihnen mit Maschinen und Fachpersonal zur Verfügung stehen. Am Ende dieses Buchs finden Sie zum Beispiel Baumarkt-Adressen. Nehmen Sie ruhig auch Hilfe von Freunden an, die sich mit der entsprechenden Materie besser auskennen.

VORSICHTSMASSNAHMEN

Schützen Sie Ihren Arbeitsbereich. Durch Schnitte mit dem Cutter etwa können Sie Ihre Arbeitsplatte irreparabel ruinieren. Tragen Sie beim Arbeiten mit bestimmten Werkstoffen (besonders Kupfer und Holz) zum Schutz Ihrer Augen eine Schutzbrille und zusätzlich bei anderen (wie Beton und Zement) zum Schutz Ihrer Hände vor Hautreizungen auch Gummihandschuhe. Beim Herausbrechen der inneren Teile von Glühbirnen brauchen Sie eine kleine Schutzmaske und viel Luftpolsterfolie!

AUFHÄNGUNG

Sie haben einen Spiegel, einen Kranz oder ein Bild fertiggestellt ... und nun? Verstecken Sie Ihr Objekt nicht, jeder hat das Recht, sich daran zu erfreuen! Drehen Sie eine Runde durch Baumärkte. Dort finden Sie Nägel, Hängesysteme mit Drahtseilen, Alleskleber und Klebestrips mit starker Haftkraft, die sich leicht anbringen und wieder entfernen lassen. Sie sind wirklich die besten Verbündeten für eine vorübergehende Aufhängung oder Befestigung.

INSPIRATION

Ein Objekt 100%ig neu zu schaffen, ist heute schon fast unmöglich, da jede kleine Idee zumindest teilweise bereits verwirklicht wurde. Aber das ist nicht der Punkt, wichtig ist nur, dass Sie mit Ihrer Technik nach Ihrem Geschmack mit Ihren Händen und aus eigenen Materialen irgendeine schöne Idee umsetzen. Lassen Sie sich von Dingen inspirieren, die Ihnen gut gefallen, und kreieren Sie daraus Ihre eigene Version.

FARBEN

Die richtigen Farben sind von größter Bedeutung: Haben Sie eine einzige Farbe schlecht gewählt, kann das Objekt schnell billig wirken! Holen Sie sich Farbmuster in Hobby-Läden, mit deren Hilfe Sie die besten Farben kombinieren können. Wählen Sie Ihre Farben passend zum jeweiligen Raum, in dem Sie Ihr Objekt aufstellen möchten. Ist der Raum klein, empfehlen sich zarte Farben, soll es dagegen in einem großen Wohnzimmer seinen Platz finden, nehmen Sie ruhig kräftige Farben.

SELBSTZUFRIEDENHEIT

Der Schlüssel zum Erfolg! Sie können nicht oft genug hören, wie schön Ihre Kreationen sind, denn nichts geht über eine kleine tägliche Ration zur Stärkung des Selbstbewusstseins. Hier ist eine Übung für jeden Tag. Sprechen Sie mir laut nach: „Habe ich dieses schöne Objekt angefertigt? Es sieht aus, als käme es von einem weltberühmten Designer! Ich bin also richtig gut!“ Und glauben Sie mir: alles, was Sie gerade gesagt haben, ist zu 100 % wahr!

WERKSTOFF

KUPFER

Als guter Wärmeleiter wurde Kupfer von jeher vor allem im Küchen- und Sanitärbereich viel verwendet und feiert gerade sein großes Comeback als Material für Dekorationselemente. Kupfer liegt voll im Trend und ist Bestandteil vieler Designobjekte – nicht zuletzt, weil sich der edle Werkstoff ausgezeichnet mit Holz, vergoldeten oder goldfarbenen Materialien und Leinenstoffen kombinieren lässt. Einen besonderen Glanz bekommt dieses Metall, wenn Sie es zum Reinigen mit einer Zwiebel oder Zitrone, Orangensaft, Essig oder auch Coca-Cola, kurz etwas Säurehaltigem abreiben. Wischen Sie dann mit einem weichen Tuch nach. Am wirksamsten ist eine als Paste aufgetragene Mischung aus Mehl, Salz und Essig.

S. 20

S. 18

S. 19

S. 30

S. 20

S. 22

S. 30

S. 19

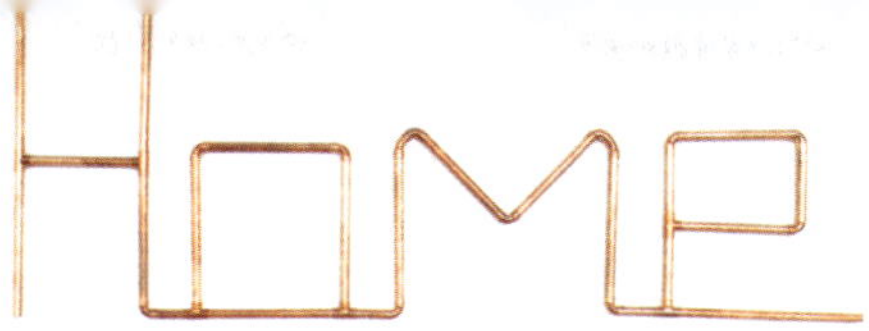

S. 18

S. 24

S. 31

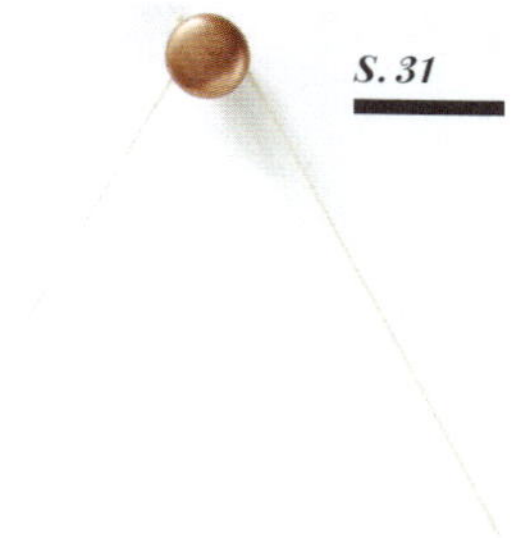

S. 26

S. 18

S. 22

S. 30

S. 31

S. 19

Kupfer-Erdkabel
Metallschleifscheibe für den Dremel
DREMEL
38 mm
EZ SpeedClic
THIS SIDE UP
T-Stück aus Kupfer
Seitenschneider
runder Holzstab
Kupferhülsen (Muffen)
Bogen 45°
Bogen 90°
DCSk HiFi Kupferdraht (Lautsprecherkabel)
Behälter

WERKZEUG UND MATERIAL

LICHTER & KERZENSCHEIN

◆◇◇ | ◆◇◇ | ◆◇◇

KLEINE KERZENHALTER

4 KUPFERHÜLSEN BZW. -MUFFEN, 2,2 CM Ø
4 WEISSE KERZEN, 2,2 CM Ø

Nichts ist leichter anzufertigen, als diese kleinen Kerzenhalter aus Kupfermuffen, die den Durchmesser der Kerzen haben. Platzieren Sie die Hülsen auf dem Tisch, bevor Sie die Kerzen hineinstecken. Und das war‘s!

BLUMEN & PFLANZEN

◆◇◇ | ◆◇◇ | ◆◇◇

HÜBSCHE ÜBERTÖPFE

3 NIEDRIGE GLÄSER
KUPFERFARBSPRAY

Sie können Ihre Sukkulenten mit einem Hauch von Glamour präsentieren, indem Sie möglichst niedrige und breite Gläser mit Kupferfarbspray in luxuriös wirkende Übertöpfe verwandeln. Lassen Sie die Farbe nach dem Besprühen gut trocknen, bevor Sie Ihre Pflanzen in die Kupfergläser stellen.

WOHNDEKO & EINRICHTUNG

TISCHSTERN

1 MILCH- ODER SAFTTÜTE
KUPFERFARBSPRAY
SCHERE, LINEAL, BLEISTIFT, KLEBSTOFF

Die Milch- oder Safttüte leeren, reinigen und gut trocknen lassen. Die Tüte flach falten, von unten nach oben sieben 2,5 cm breite Längsstreifen aufzeichnen und ausschneiden. Die Streifen auffalten und zu einem Stern zusammenfügen, dabei die innen am Zentrum liegenden Flächen zusammenkleben (siehe Bild rechts). Nach dem Trocknen sprühen Sie eine oder zwei Kupferfarbschichten auf.

WOHNDEKO & EINRICHTUNG

◆◇◇ | ◆◇◇ | ◆◇◇

TOPFUNTERSETZER

1 RUNDER HOLZSTAB, CA. 40 CM LANG, 1,8 CM Ø
3 KUPFERBÖGEN 90°, 1,8 CM Ø
2 KUPFERBÖGEN 45°, 1,8 CM Ø
SÄGE

Schritt 1

Sägen Sie vom Holzstab zwei 5,5 cm lange und drei 9,5 cm lange Stücke ab.

Schritt 2

Schieben Sie in jedes Ende eines 90°-Bogens ein 5,5 cm langes Holzstück, um die Spitze des Untersetzers zu bilden.

Schritt 3

Stecken Sie auf jedes Ende der Holzstücke einen 45°-Kupferbogen und in diesen, wiederum auf beiden Seiten, ein 9,5 cm langes Holzstück mit einem aufgesteckten 90°-Kupferbogen. Zum Schluss verbinden Sie die beiden 90°-Bögen mit dem letzten 9,5 cm langen Stück Holz.

Schritt 1

Schritt 2

Schritt 3

KÜCHEN-HÄNGEGITTER

4 M KUPFERROHR, 1,2 CM Ø
10 T-STÜCKE AUS KUPFER, 1,2 CM Ø
4 KUPFERBÖGEN 90°, 1,2 CM Ø
KLEBSTOFF, METALLSÄGE, DICKER KUPFERDRAHT

Schneiden Sie aus dem Kupferrohr acht 20 cm, zwei 10 cm und vier 15 cm lange Stücke sowie je ein 40 cm, 30 cm, 25 cm, 35 cm und 5 cm langes Stück. Montieren Sie die Teile nach dem unten stehenden Schema und geben Sie vor dem Zusammenstecken immer etwas Klebstoff auf die Innenseiten der Bögen und T-Stücke, um die nötige Festigkeit und Stabilität der Konstruktion zu sichern. Trocknen lassen. Zum Aufhängen der Küchenutensilien können Sie S-förmige Haken aus dickem Kupferdraht formen.

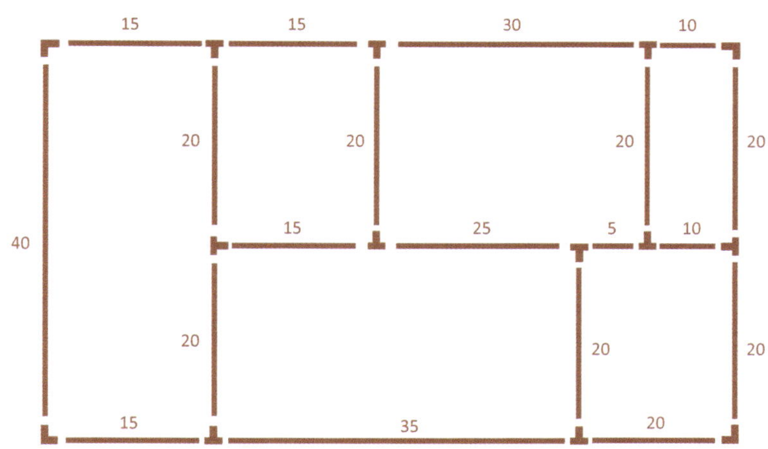

Kupferrohr
T-Stück

WOHNDEKO & EINRICHTUNG

◆◆◆ | ◆◆◇ | ◆◆◇

SCHÖNES WORT ZUM AUFHÄNGEN

3,5 M KUPFERROHR, 1,2 CM Ø
11 KUPFERBÖGEN 90°, 1,2 CM Ø
2 KUPFERBÖGEN 45°, 1,2 CM Ø
6 T-STÜCKE AUS KUPFER,1,2 CM Ø
METALLSÄGE, KLEBSTOFF

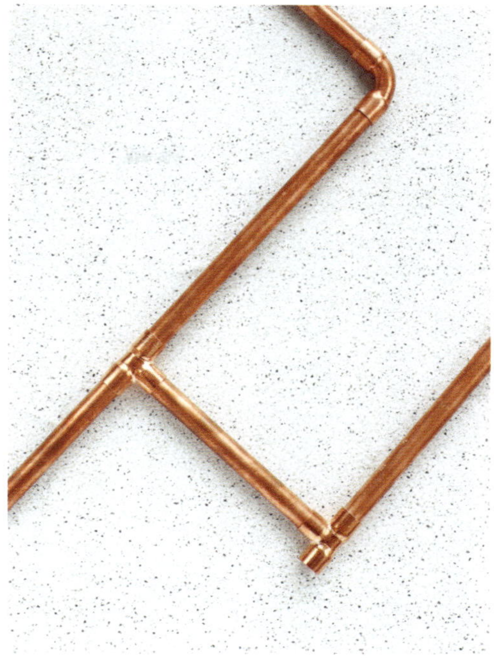

Schritt 1

Mit der Metallsäge vom Kupferrohr folgende Stücke abschneiden: acht 20 cm lange, drei 7 cm lange, vier 15 cm lange, ein 25 cm langes, zwei 5 cm und vier 18 cm lange.

Schritt 2

Montieren Sie die einzelnen Teile nach dem unten stehenden Schema und geben Sie vor dem Zusammenstecken immer etwas Klebstoff auf die Innenseiten der Bögen und T-Stücke, damit die Konstruktion garantiert genügend Festigkeit und Stabilität besitzt (die beiden 45°-Bögen werden zusammen mit 90°-Bögen oben auf die Schäfte des M montiert, um die V-Form zu erhalten). Trocknen lassen.
Den Schriftzug mit kleinen Nägeln an der Wand befestigen.

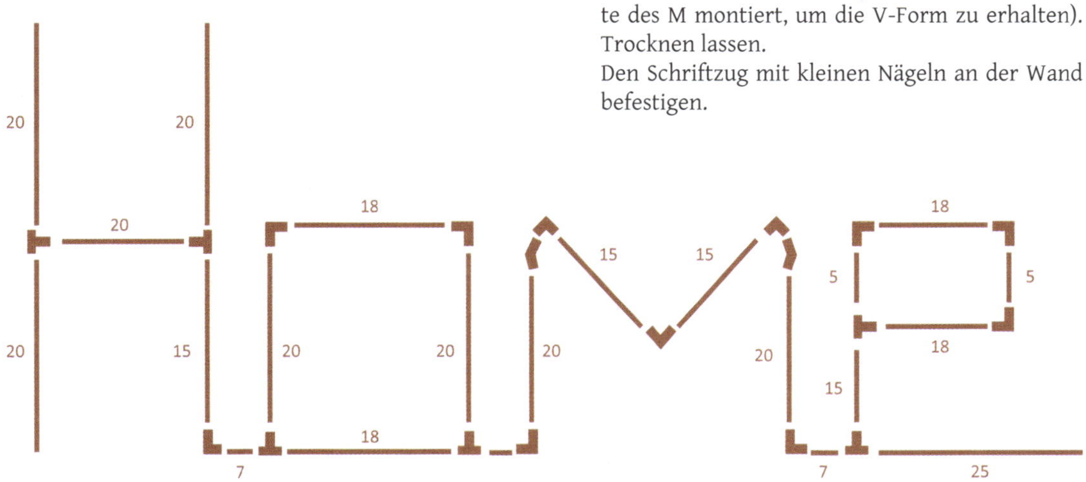

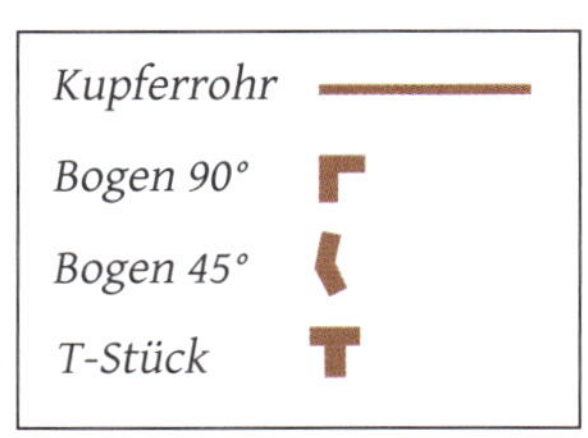

◆◆◇ | ◆◆◇ | ◆◆◆

COUCHTISCH

2 BRETTER AUS MASSIVER EICHE,
JE 80 CM LANG, 20 CM BREIT UND 2 CM STARK
4 M KUPFERROHR, 1,8 CM Ø
4 KUPFERSCHELLEN UND 8 SCHRAUBEN
8 KUPFERBÖGEN 90°, 1,8 CM Ø
2 MONTAGEPLATTEN, 6 CM LANG,
MIT 8 SCHRAUBEN
4 HOLZDÜBEL, 6 MM Ø
BOHRMASCHINE, METALLSÄGE ODER
ROHRSCHNEIDER, KLEBSTOFF

Schritt 1

Für die Dübel je 4 Löcher in die Seiten der Bretter bohren: je 1 Loch 10 cm vom Brettende entfernt, die 2 anderen im Abstand von 20 cm zu den ersten.

Schritt 2

Die 4 Holzdübel in die Löcher eines Brettes stecken und die beiden Bretter zusammenfügen, sodass eine 40 cm breite Fläche entsteht.

Schritt 3

Die Verbindung der beiden Bretter mit zwei aufgeschraubten Montageplatten sichern.

Schritt 4

Mit der Metallsäge oder dem Rohrschneider zwei 70 cm, zwei 30 cm und vier 40 cm lange Rohrstücke zuschneiden.

Schritt 5

Schieben Sie auf ein Ende jedes 40 cm langen Rohrs einen 90°-Bogen. Vergessen Sie nie, jede Verbindung mit etwas Klebstoff zu sichern.

Schritt 6

In jedes freie Bogenende ein 70 cm langes Rohr stecken, einen Bogen anfügen und in diesen das 40 cm lange Rohr schieben. Das sind die Tischbeine.

Schritt 7

Beidseitig auf die Unterseite der Tischplatte jeweils 5 cm von der schmalen Kante entfernt je 2 Kupferschellen in die Mitte der Bretter schrauben, um in diesen zwei 30 cm lange Rohre zu sichern, die Sie jeweils an beiden Enden mit Bögen bestücken.

Schritt 8

Geben Sie zuerst etwas Klebstoff ins Innere der Bögen und schieben Sie dann die Tischbeine ein.

Schritt 9

Lassen Sie den Klebstoff gut trocknen, bevor Sie den Tisch umdrehen.

SCHMUCK & ACCESSOIRES

ARMREIF AUS SELTENEM MATERIAL

20 CM DCSK HIFI-KUPFERDRAHT (LAUTSPRECHER-KABEL), 6 MM Ø
2 GOLDFARBENE ENDKAPPEN, 6 MM BREIT
1 GOLDFARBENER VERSCHLUSS UND 1 RING
1 MESSINGSPREIZDÜBEL, 6 MM Ø (Z. B. FISCHER)
KLEBSTOFF, SCHERE, ZANGE

Den Kupferdraht um das Handgelenk legen und die passende Länge mit der Schere abschneiden. Schieben Sie den Messingdübel so auf den Draht, dass er in der Mitte sitzt. Zuerst etwas Klebstoff auf die Enden des Drahts geben, diese dann in die Endkappen stecken und mit der Zange festziehen. Zuletzt fügen Sie den Verschluss und den Ring an die Endkappen ... und schon ist Ihr Schmuckstück fertig!

WOHNDEKO & EINRICHTUNG

FILIGRANES KÖRBCHEN

DRAHTGEFLECHT, 45 X 60 CM
220 CM KUPFERDRAHT, 0,25 MM Ø
KUPFERFARBSPRAY, SEITENSCHNEIDER

Mit dem Seitenschneider jede Ecke des Drahtgeflechts 15 cm diagonal abschneiden. Dann, um die Körbchenwände zu bilden, die Seitenteile des Geflechts hochbiegen und durch Verdrehen der Gitterdrähte fixieren. Den Kupferdraht rund um die Oberkante des Körbchens legen und um diesen die Gitterdrahtenden wickeln. Verpassen Sie dem Körbchen noch eine neue Sprühfarbschicht und lassen Sie es trocknen.

◆◇◇ | ◆◇◇ | ◆◇◇

HANDTUCHHALTER

25 CM KUPFERROHR, 14 MM Ø
1 M BAUMWOLLSCHNUR
1 HOLZKNAUF
KUPFERFARBSPRAY

Ziehen Sie die Baumwollschnur durch das Kupferrohr, verknoten Sie die Enden und verstecken Sie den Knoten im Inneren des Rohrs. Zuletzt sprühen Sie eine Kupferfarbschicht auf den Holzknauf und schon sind Sie fertig.

TIPP

Sie können den Knauf entweder mit starkem Kleber oder mit Dübel und Schraube an der Wand zu befestigen.

WERKSTOFF

GOLD

Dieser Werkstoff gilt als der prunkvollste von allen. Allerdings ist Gold als üppige Pracht schon lange nicht mehr gefragt, sondern wird eher bewusst und sparsam, hauptsächlich in Kombination mit anderen Materialien eingesetzt. Gold gibt es in unterschiedlichen Farbtönen, die von Rosa und Orange bis hin zu Grün- und Graugoldtönen reichen. Der aktuelle Trend im Dekorationsbereich geht eher in Richtung „blasses" Gold mit weniger Gelbanteil. Die Vielzahl an goldfarbenen Materialien – Messing, Blattgold, Goldgarn oder sogar Goldglitter – macht diesen Werkstoff zu einer nahezu unerschöpflichen Inspirationsquelle.

S. 46

S. 175

S. 38

S. 50

S. 39

S. 50

S. 42

S. 44

S. 40

S. 46

S. 42

S. 38

S. 175

S. 39

Messingfolie
Messingdraht, 1 mm Ø
goldfarbene Lurexgarnkordel
Schere
goldfarbene Perlen
Goldglitter
Vergoldungs-farbe
Goldsprü[h]farbe
Messingdraht auf Rolle
green gold
Goldfinger

WERKZEUG UND MATERIAL

SCHMUCK & ACCESSOIRES

◆◇◇ | ◆◇◇ | ◆◇◇

BLÜTENBROSCHE

1 BLATT GOLDFARBENES GLITTERPAPIER
1 BLATT KUPFERFARBENES GLITTERPAPIER
1 BROSCHENNADEL
1 BUND SCHWARZE BLÜTENSTEMPEL
SCHERE, HEISSKLEBEPISTOLE

Die Vorlage 1 von Seite 283 auf das goldfarbene Glitterpapier übertragen und die Blütenform ausschneiden. Machen Sie dasselbe mit Vorlage 2 von Seite 283 und dem kupferfarbenen Glitterpapier. Dann aus jedem der Papiere 2 Blätter nach Vorlage 3 anfertigen. Die Blätter in der Mitte zusammenfalten und wieder auffalten, um einen Falz zu erhalten. Kleben Sie die Broschennadel mit Heißkleber schön mittig auf die Rückseite der kupferfarbenen Blüte. Die Blütenstempel etwas kürzen, damit sie nicht zu lang sind, und auf den Boden der kupferfarbenen Blüte kleben. Trocknen lassen. Dann kleben Sie die goldene Form darüber und fügen dabei auf der Rückseite der Blume die Blätter ein.

WOHNDEKO & EINRICHTUNG

◆◇◇ | ◆◇◇ | ◆◇◇

GLITZERNDE STERNE

1,50 M MESSINGDRAHT, 1 MM Ø
1,50 M GOLDFARBENE LUREXGARNKORDEL
STERN-AUSSTECHFORM
SEITENSCHNEIDER, KLEBSTOFF

Fädeln Sie den Messingdraht in die Lurexkordel, um diese zu verstärken. Nehmen Sie sich Zeit, damit der Draht ganz im Inneren der Kordel liegt. Auf die Gesamtlänge der Kordel eine sehr dünne Klebstofflinie geben, dann die Kordel eng um die Sternform legen und gut andrücken, damit sie schön sternförmig wird. Die beiden Kordelenden nah an der Form zusammenbinden, die Kordel passend abschneiden und die Enden mit einem Tropfen Klebstoff sichern. Nun können Sie die Ausstechform entfernen und weitere Sterne in gleicher Weise anfertigen. Die Sterne trocknen lassen und mit einem dekorativen Band aufhängen.

◆◇◇ | ◆◇◇ | ◆◇◇

KLEINE VASEN

2 WEISSE BECHER
1 BLATT SELBSTKLEBENDE GOLDFOLIE
MASKING TAPE ODER KREPPBAND
1 KLEINE DOSE GOLDGLITTER
SPRÜHKLEBER

Stellen Sie sicher, dass Ihre Becher völlig schmutzfrei sind. Für die Vase mit den Rauten übertragen Sie die Vorlage von Seite 283 auf selbstklebende Goldfolie und schneiden sie aus. Dann legen Sie die Rauten gerade ausgerichtet um den Becher herum an und kleben sie auf.
Für die Glitzer-Vase decken Sie den oberen Teil des Bechers mit einem Blatt Papier ab, fixieren es mit Masking Tape und lassen nur den unteren Teil frei. Dann besprühen Sie diesen unteren Becherteil mit Kleber und bestreuen die Klebefläche sofort mit Glitter. Nehmen Sie ruhig viel davon und streuen Sie lieber etwas großzügiger auf. Sie können auf die Arbeitsfläche eine Folie legen und überschüssigen Glitter auffangen. Trocknen lassen und zum Schluss das Papier samt Kreppband entfernen.

BLUMEN & PFLANZEN

◆◇◇ | ◆◇◇ | ◆◇◇

BLUMENAMPEL

1,50 M MESSINGROHR, 1 MM Ø
1 ROLLE NYLONFADEN, 0,4 MM Ø
SCHERE, SEITENSCHNEIDER

Schritt 1

Mit dem Seitenschneider vom Messingrohr 9 je 9 cm und 3 je 19 cm lange Stücke abschneiden. Dann ein 1,50 m langes Nylonfadenstück abschneiden.

Schritt 2

Den Nylonfaden durch die drei kurzen Messingrohre fädeln und so zusammenbinden, dass ein Dreieck entsteht.

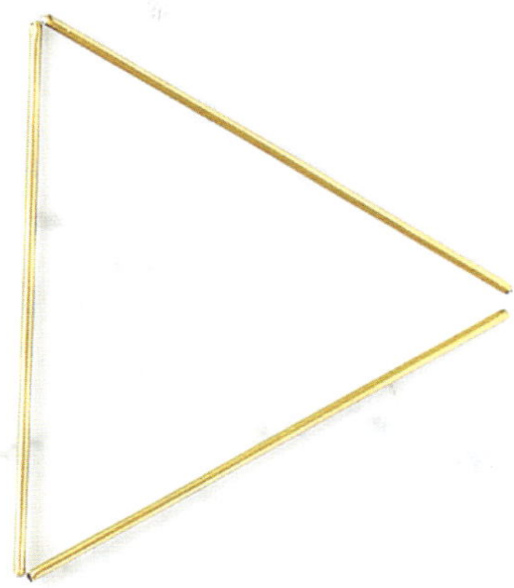

Schritt 3

Auf den verbleibenden Nylonfaden noch 2 kurze Messingrohre aufziehen und den Faden wieder so binden, dass ein weiteres Dreieck entsteht. Fahren Sie auf diese Weise fort, bis Sie insgesamt 4 Dreiecke haben. Dann die 3 langen Rohre auf die Nylonfaden-Endstücke jedes Außendreiecks fädeln, alle Fäden zusammenbinden und mit einem festen Knoten sichern.

◆◆◇ | ◆◇◇ | ◆◇◇

EDLE BAISERS

2 EIWEISS
70 G KRISTALLZUCKER
70 G PUDERZUCKER
1 BLATT ESSBARES BLATTGOLD
SPRITZBEUTEL, PINSEL

Das Eiweiß mit dem elektrischen Handrührgerät steif schlagen und dabei den Kristallzucker einrieseln lassen. Erst mit dem Schlagen aufhören, wenn das Eiweiß glänzend und fest ist. Dann den Puderzucker über die Eiweißmasse sieben und mit einem kleinen Rührlöffel oder Teigschaber vorsichtig unterheben, dabei immer in die gleiche Richtung und von unten nach oben rühren. Den Backofen auf 90 °C (Stufe 3) vorheizen. Die Baisermasse in einen Spritzbeutel füllen und in kleinen Häufchen auf ein mit Backpapier ausgelegtes Backblech spritzen. 1 Stunde und 30 Minuten backen. Die Baisers vom Blech nehmen und auf jedes mit einem kleinen Pinsel vorsichtig etwas Blattgold auftragen. Und nun viel Spaß beim Genießen!

LIEBLICHE WORTE

1 BLATT ZEICHEN- ODER TONPAPIER
1 BLATT SELBSTKLEBENDE GOLDFOLIE
1 BLATT TRANSPARENTPAPIER
SCHERE, CUTTER, PINSEL,
KLEBSTOFF, PATAFIX KLEBEPADS (ODER ÄHNLCHE)

Schritt 1

Die Vorlage von Seite 284 kopieren und mit dem Transparentpapier auf das Zeichenpapier übertragen, oder die Kopie auf das Zeichenpapier kleben.

Schritt 2

Die Goldfolie auf die Rückseite des Zeichenpapiers kleben und dabei mit einer festen Pappkante (oder Kreditkarte) die Blasen ausstreichen.

Schritt 3

Schneiden Sie die Worte entlang der Konturen mit der Schere sauber aus.

Schritt 4

Nur noch die Innenteile bestimmter Buchstaben wie O oder E mit dem Cutter herausschneiden, dann ist der Schriftzug fertig und Sie können ihn mit Klebepads aufhängen.

◆◆◇ | ◆◆◇ | ◆◇◇

SCHMUCKES SCHÄLCHEN

1 KERAMIKSCHALE
2 BLÄTTER BLATTGOLD
WEISSLEIM
EINIGE BÖGEN ZEITUNGSPAPIER
LACK, MATT ODER GLÄNZEND
WEISSE FARBE
TIEFER TELLER (O. Ä. ZUM MISCHEN),
SCHERE, PINSEL, LINEAL

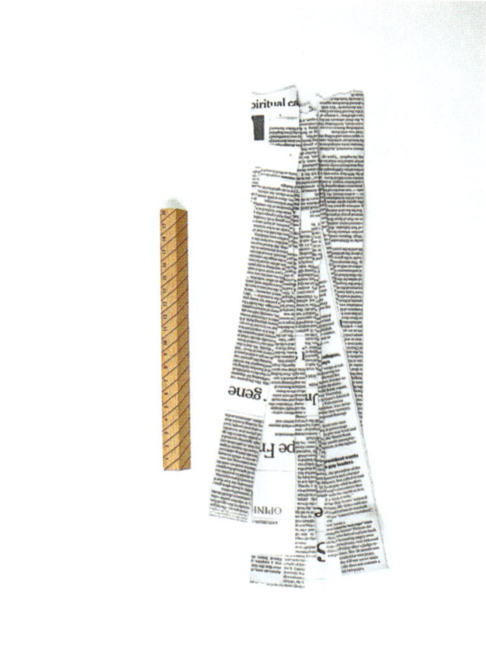

Schritt 1

Schneiden Sie das Zeitungspapier in etwa 2,5 x 20 cm große Streifen.

Schritt 2

Bereiten Sie eine Mischung aus einem Teil Weißleim und zwei Teilen Wasser zu.

Schritt 3

Weichen Sie die Papierstreifen in dieser Mischung ein.

Schritt 4

Eine Schicht Papierstreifen in die Keramikschale legen und mit dem Pinsel dick mit Leim bestreichen. So mehrere Schichten mit abwechselnd angeordneten Streifen einlegen. Das überstehende Papier abschneiden und über Nacht trocknen lassen.

Schritt 5

Sobald die Papierschale gut durchgetrocknet ist, lässt sie sich leicht aus der Keramikschale heben. Malen Sie die Papierschale mit weißer Farbe an und lassen Sie sie gut trocknen.

Schritt 6

Überziehen Sie die Innenseite der Papierschale mit Weißleim (oder, noch besser, mit speziellem Blattgoldkleber) und tragen Sie anschließend das Blattgold vorsichtig mit dem Pinsel auf.

Schritt 7

Prüfen Sie nach dem Auftragen, ob die gesamte Innenfläche der Schale mit Blattgold überzogen ist, und decken Sie kleine Löcher mit Leim oder auch mit etwas Blattgold ab.

Schritt 8

Wenn alles gut trocken ist, lackieren Sie die Schale je nach Wunsch mit mattem oder glänzendem Lack. Vorsicht! Diese Schale darf nicht in Verbindung mit Lebensmitteln verwendet werden.

◆◇◇ | ◆◇◇ | ◆◆◇

MESSINGMUTTERN-ARMBAND

9 FÄDEN WOLLGARN, JE 30 CM LANG
17 SCHRAUBENMUTTERN AUS MESSING
1 ARMBANDVERSCHLUSS
KLEBSTOFF

Verknoten Sie die 9 Wollfäden an einem Ende und beginnen Sie mit diesen, einen 3-strängigen Zopf zu flechten. Nach etwa 2 cm fädeln Sie auf den linken Strang eine Schraubenmutter, legen den Strang zur Mitte und fädeln eine weitere Schraubenmutter auf den rechten Strang. Flechten Sie weiter und ziehen Sie bei jeder Flechtung an den Außensträngen 1 Schraubenmutter auf. Die letzten 2 cm des Zopfs ohne Schraubenmuttern arbeiten, dann die Wollfäden verknoten und zurückschneiden. Zum Schluss an jedem Ende des Armbands einen Teil des Armbandverschlusses aufkleben.

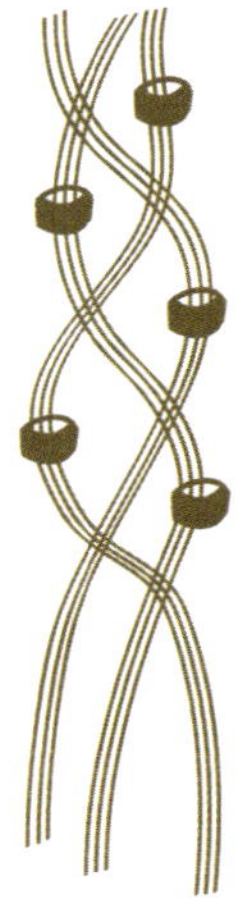

WERKSTOFF

BETON

Auf den ersten Blick scheint das Arbeiten mit Beton recht kompliziert zu sein, aber das stimmt nicht! Beton lässt sich einfach mischen und leicht handhaben, wenn Sie einige Vorkehrungen treffen, um diesen Werkstoff zu „bändigen". In der Regel besteht Beton aus Kies und Sand und man sollte ihn sieben, aber es gibt auch bereits gesiebtes Pulver. Wenn Sie eine größere Menge anrühren, müssen Sie Ihr Gesicht, zumindest aber Mund und Nase schützen, weil das Pulver ziemlich staubt, und mit Latexhandschuhen verhindern, dass Ihre Hände mit Beton in Berührung kommen, denn er reizt die Haut und trocknet sie aus. Um das Material formbar zu machen, geben Sie nach und nach unter ständigem Rühren Wasser zu, bis Sie eine homogene Masse haben, die flüssig bis dickflüssig ist. Gießen Sie den Beton in zuvor eingeölte Formen mit möglichst glatter Oberfläche (Silikon, Kunststoff), damit er sich nicht anlegt. Nach dem Trocknen lässt sich der Beton sehr leicht auslösen.

S. 62

S. 64

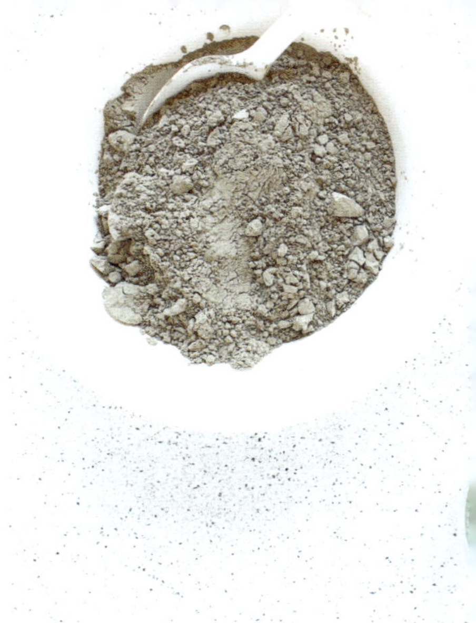

S. 66

S. 59

S. 71

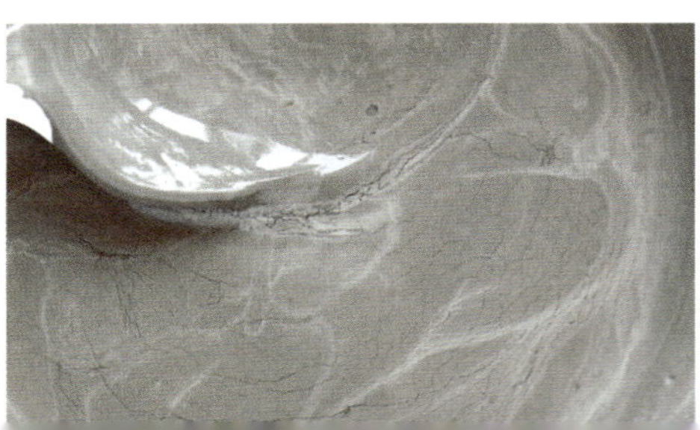

S. 58

S. 60

S. 60

S. 62

S. 70

S. 64

S. 66

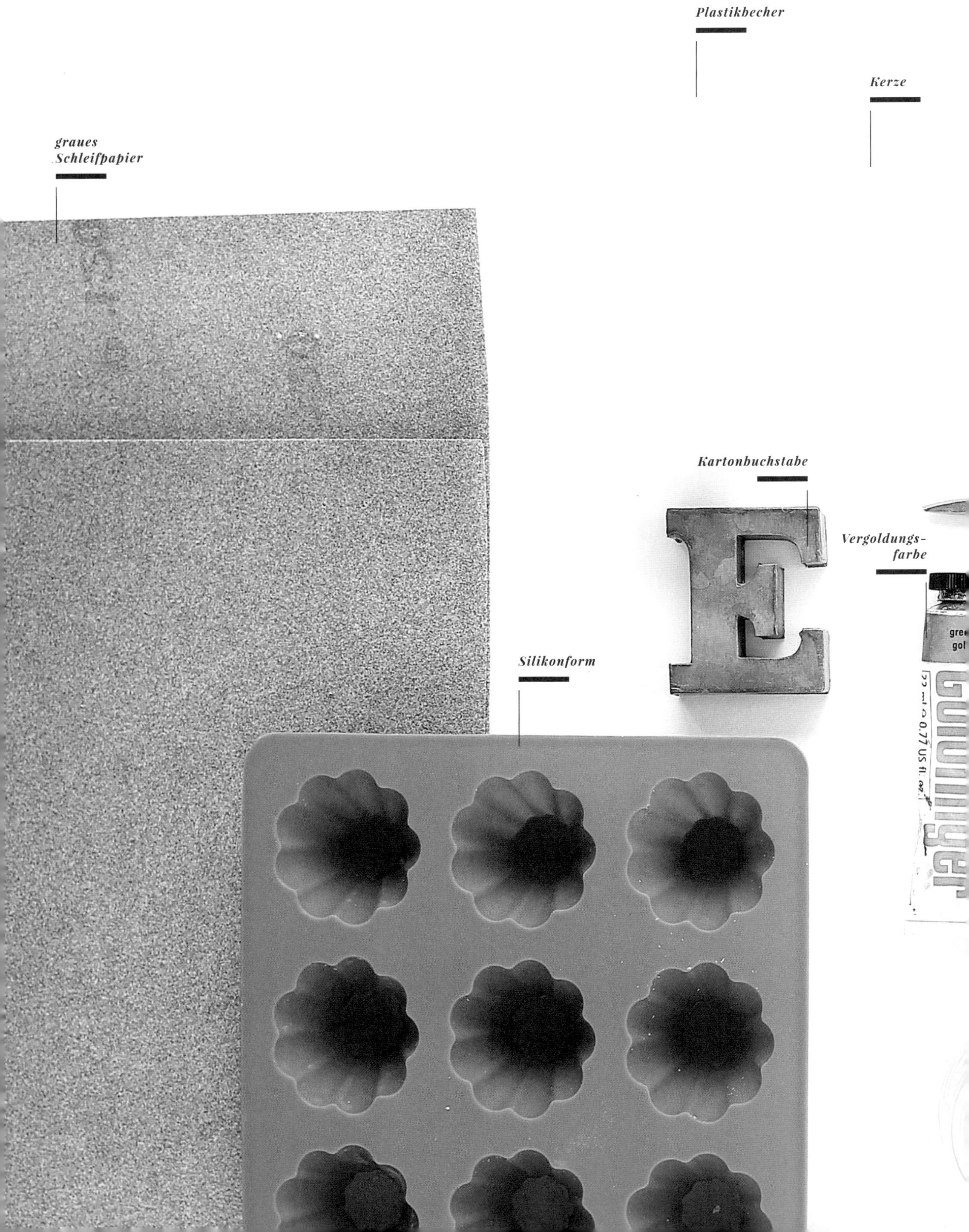
Plastikbecher
Kerze
graues Schleifpapier
Kartonbuchstabe
Vergoldungs-farbe
Silikonform

WERKZEUG UND MATERIAL

◆◆◇ | ◆◇◇ | ◆◇◇

BETON-KERZENSTÄNDER

FEINKÖRNIGE FERTIGBETONMISCHUNG
1 MILCH- ODER SAFTTÜTE
1 KERZE
MASKING TAPE (ODER MALERKREPP), GOLDFARBE,
BEHÄLTER ZUM ANMISCHEN, PLASTIKMESSLÖFFEL,
PINSEL, TRICHTER, SPATEL

Wählen Sie eine Milch- oder Safttüte, die eine Öffnung mit Drehverschluss hat. In das Loch stecken Sie dann die Kerze, die folglich den gleichen Durchmesser wie die Öffnung haben muss. Verdünnen Sie die Betonmischung nach Herstellerangaben im Behälter mit Wasser und fügen Sie so lange Wasser hinzu, bis der Beton sehr flüssig ist. Mischen Sie den Beton mit dem Spatel gut durch, um eine schöne Konsistenz zu erzielen. Füllen Sie den Beton mit dem Trichter bis zum oberen Rand in die Tüte, damit Sie die komplette Rechteckform erhalten. Anschließend stecken Sie die Kerze in die Öffnung und schieben sie etwas hinein, um sicherzustellen, dass sie gerade steht. Lassen Sie den Beton mindestens ein bis zwei Tage trocknen. Danach lässt sich die Milchpackung leicht vom Betonblock reißen, und Sie können ihn verzieren. Bevor Sie den unteren Teil des Blocks mit Goldfarbe bemalen, trennen Sie den Bereich mit einem Streifen Masking Tape rund um den Kerzenhalter ab, und lassen die Goldfarbe nach dem Malen gut trocknen.

DEZENTER ANHÄNGER

FEINKÖRNIGE SCHMUCKBETONMISCHUNG
1 KLEINE RUNDE SILIKONFORM
ZAHNSTOCHER
1 GESCHLOSSENE GOLDKETTE, ETWA 60 CM LANG
1 GROSSER MESSINGRING
GOLDFARBE, PINSEL, ZANGE,
BEHÄLTER ZUM ANMISCHEN, PLASTIKMESSLÖFFEL

Den Schmuckbeton im Behälter mit Wasser verdünnen und mit dem Löffel umrühren, bis Sie eine glatte, gleichmäßige Masse haben. Dann gießen Sie den Schmuckbeton in die Form und streichen die Oberseite glatt. Den Zahnstocher halbieren und für das Loch, durch das der Kettenring gezogen wird, die beiden Hälften in den Schmuckbeton stecken. Setzen Sie es nicht zu nahe am Rand an, weil der Beton rund um den Zahnstocher bröckeln könnte. Lassen Sie den Beton etwa 1 Stunde trocknen, und entfernen Sie die Zahnstocher, wenn der Beton um das Loch zu erhärten beginnt. Danach lassen Sie den Beton weitere 3 Stunden in der Form trocknen, holen ihn dann vorsichtig heraus und bemalen die untere Hälfte des Anhängers mit Goldfarbe. Gut trocknen lassen. Zum Schluss den Ring durch das Loch im Anhänger stecken und die Kette durch den Ring ziehen.

◆◇◇ | ◆◇◇ | ◆◇◇

ELEGANTER KERZENHALTER

FEINKÖRNIGE FERTIGBETONMISCHUNG
2 KUPFERHÜLSEN (ODER -MUFFEN), 1 CM Ø
2 KERZEN, 1 CM Ø
2 PLASTIKBECHER
SCHERE, BEHÄLTER ZUM ANMISCHEN,
PLASTIKMESSLÖFFEL

Schritt 1

Das Betonpulver im Behälter mit Wasser verdünnen und mit dem Löffel zu einer glatten Masse mit homogener Konsistenz verrühren.

Schritt 2

Den Beton etwa 5 cm hoch in die Plastikbecher füllen. Rund 30 Minuten warten, bis der Beton etwas anzieht, dann die Hülsen etwa bis zur Hälfte in die Mitte der Masse drücken.

Schritt 3

Das Ganze mindestens über Nacht trocknen lassen. Dann die Plastikbecher zerschneiden und die Kerzenhalter vorsichtig herauslösen.

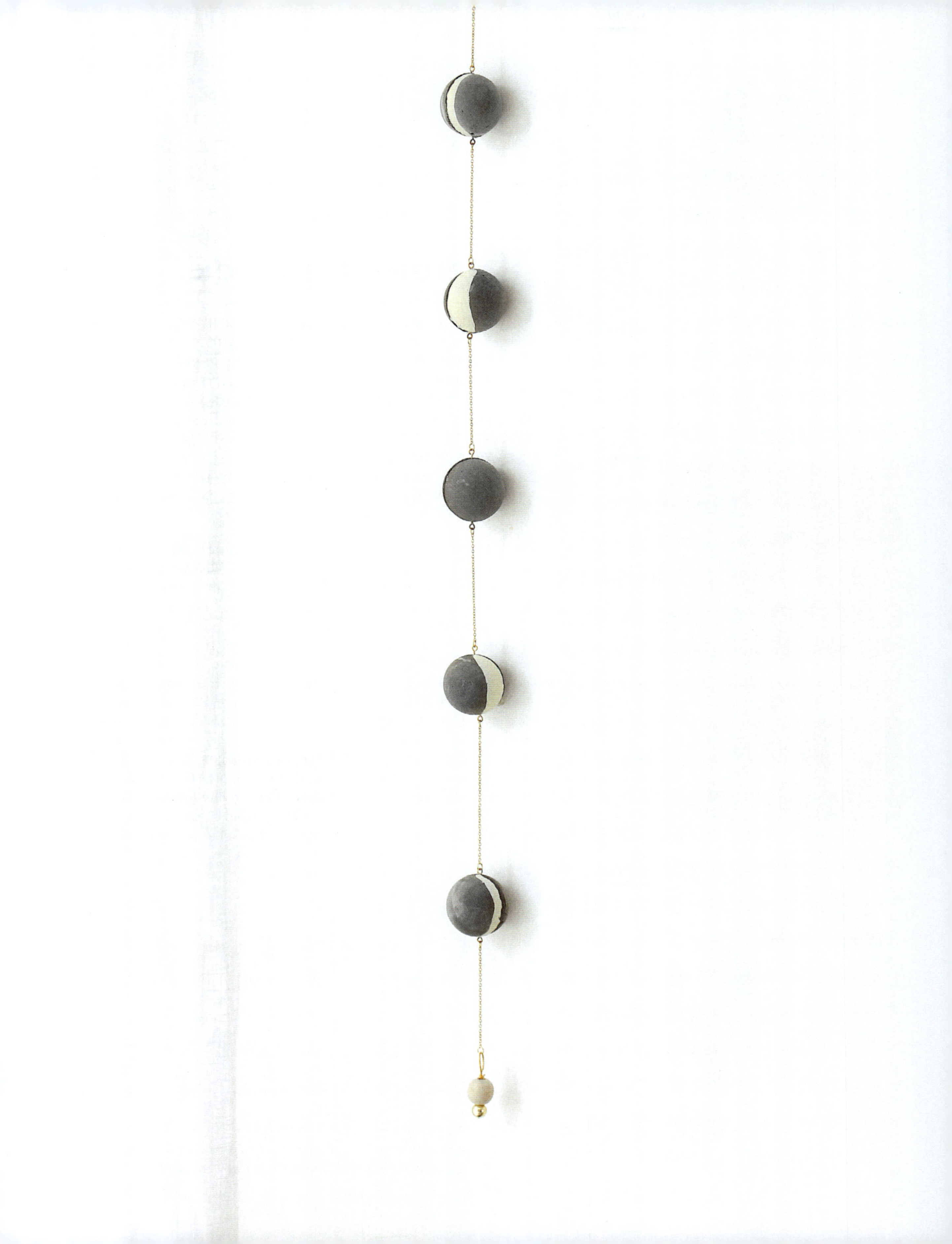

BLICKFANG

◆◆◇ | ◆◆◇ | ◆◇◇

MONDSCHMUCK

500 G GRAUE SCHMUCKBETONMISCHUNG
1 GOLDKETTE, ETWA 45 CM LANG
1 HOLZPERLE UND 1 GOLDFARBENE PERLE
1 HÜBSCHER KETTENVERSCHLUSS IN BLÜTENFORM
14 KLEINE GOLDFARBENE RINGE
12 KETTELSTIFTE MIT ÖSE AUS MESSING (FÜR SCHMUCK)
2 KETTELSTIFTE MIT FLACHKOPF AUS MESSING (FÜR SCHMUCK)
BEIGE FARBE, BEHÄLTER (TELLER) ZUM ANMISCHEN, PLASTIK-MESSLÖFFEL, SILIKONFORM FÜR SCHOKOLADE MIT 12 KLEINEN VERTIEFUNGEN IN HALBKUGELFORM, SPATEL, ALLESKLEBER, SEITENSCHNEIDER, PINSEL

Mischen Sie den Schmuckbeton mit dem Plastiklöffel im Behälter mit Wasser, bis Sie eine glatte, weiche Masse haben. Gießen Sie den Beton in die Silikonform und glätten Sie die Oberfläche mit einem Spatel. Kürzen Sie die Kettelstifte mit Ösen auf etwa 1,5 cm Länge und stecken Sie je einen mit der Öse nach außen in die Mitte jeder Halbkugel. Mindestens 12 Stunden trocknen lassen und dann die Halbmonde vorsichtig aus der Form nehmen. Kleben Sie die Halbmonde paarweise so zusammen, dass sich immer zwei Ösen gegenüberliegen. Dann schneiden Sie die Kette in 6 cm lange Stücke, fädeln in jedes Kettenende einen Ring, und hängen diese in die Ösen der Kugeln, um sie miteinander zu verbinden. Schieben Sie die goldene Perle und die Holzperle auf einen Flachkopf-Kettelstift und biegen Sie sein Ende zur Öse, um die Perlen zu sichern und sie am untersten Kettenende zu befestigen. Danach schieben Sie den Verschluss in Blütenform auf den anderen Flachkopf-Kettelstift, formen eine Öse und befestigen diese an der obersten Kette. Malen Sie mit beiger Farbe Mondphasen auf vier der Kugeln – eine bleibt grau.

TIPP

Sie können Ihre Bemalung mit phosphoreszierender Farbe überziehen, dann beginnt Ihr Mondschmuck im Dunkeln schön zart zu leuchten.

KLEINER RUNDER TISCH

ETWA 4 KG FEINKÖRNIGE FERTIGBETONMISCHUNG
3 TISCHBEINE AUS HOLZ, 35 CM LANG,
MIT SCHRAUBEN UND MUTTERN
1 BLUMENUNTERSETZER AUS GEBRANNTEM TON, 40 CM Ø
3 BEILAGSCHEIBEN, FARBEN IN VERSCHIEDENEN GRAUTÖNEN,
BOHRMASCHINE UND BETONBOHRER
KELLE, BEHÄLTER ZUM ANMISCHEN, PLASTIKMESSLÖFFEL,
SIEB, PINSEL, SCHWAMM

Schritt 1

Wählen Sie einen Untersetzer und hübsche Tischbeine. Bohren Sie gleichmäßig verteilt und im selben Abstand zur Kante drei Löcher im Durchmesser der Tischbeinschrauben in den Untersetzer.

Schritt 2

Die Tischbeinschrauben in die Bohrlöcher stecken, auf jede eine Beilegscheibe schieben und mit den zugehörigen Muttern festziehen, bis der Tisch einen stabilen Stand hat.

Schritt 3

Den Beton sieben und im Behälter mit Wasser anrühren. Er sollte relativ flüssig und geschmeidig sein. Den Untersetzer bis zum Rand mit Beton füllen und die Oberfläche mit einer Kelle glatt ziehen.

Schritt 4

Mindestens zwei Tage trocknen lassen. Danach auf die gesamte Betonfläche graue Farbe auftragen und weitere Farbe mit einem kleinen Schwamm auftupfen, um hellere oder dunklere Graustellen zu erzielen (siehe Seite 70).

LEUCHTENDE BETONBUCHSTABEN

ETWA 4 KG FEINKÖRNIGE FERTIGBETONMISCHUNG
1 BUCHSTABE ODER ZAHL AUS KARTON, ZWISCHEN 30 UND 50 CM HOCH
LICHTERKETTE MIT 20 BIRNEN
2 M PLASTIKROHR (PVC), 2 CM Ø
SÄGE, VASELINE, PINSEL, CUTTER,
BEHÄLTER ZUM ANMISCHEN, PLASTIKMESSLÖFFEL

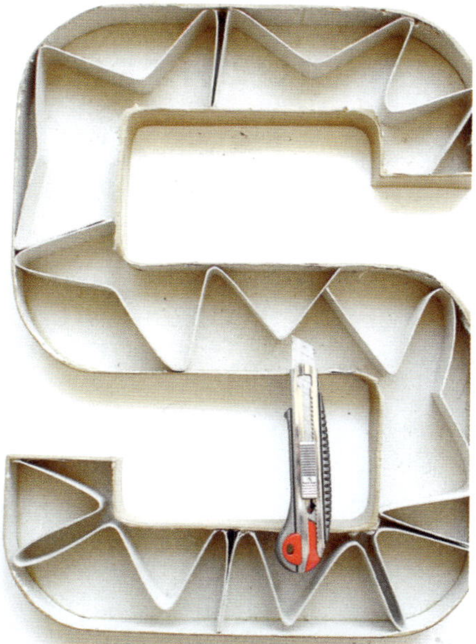

Schritt 1

Bitte beachten Sie, dass der Boden der Kartonzahl später die Vorderseite sein wird. Fahren Sie dem Cutter am gesamten oberen Rand der Zahl entlang und entfernen Sie die Oberseite.

Schritt 2

Entfernen Sie die Stützstücke aus Pappe im Inneren der Zahl.

Schritt 3

Streichen Sie Vaseline mit einem Pinsel auf Boden und Innenform der Zahl, damit sich der Beton dann leichter aus der Form lösen lässt und die Pappe nicht durchweicht.

Schritt 4

Verteilen Sie die Vaseline gleichmäßig, um eine sehr dünne Schicht zu erhalten.

Schritt 5

Verdünnen Sie die Betonmischung im Behälter mit Wasser und rühren Sie alles gut durch, bis Sie eine glatte und homogene Masse haben.

Schritt 6

Gießen Sie den Beton in die Zahl, bis der gesamte Boden bedeckt ist. Klopfen Sie leicht auf die Form, damit sich der Beton gut verteilt.

Schritt 7

Schneiden Sie 20 Stücke in einer der Kartonformhöhe entsprechenden Länge vom Plastikrohr ab. Dann fetten Sie die Rohrstücke mit etwas Vaseline ein und schieben sie so in den Beton, dass sie möglichst gleiche Abstände haben.

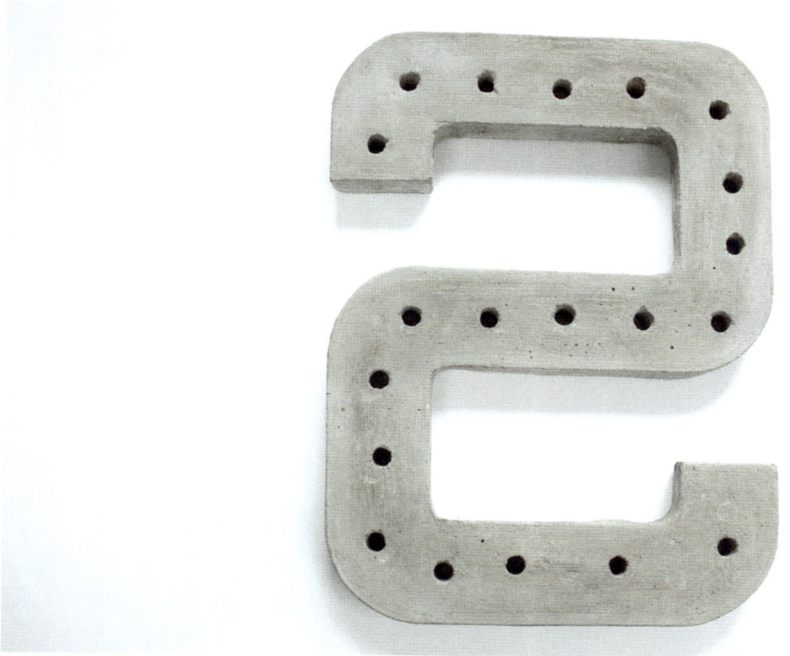

Schritt 8

Lassen Sie den Beton mindestens zwei Tage trocknen und lösen Sie dann die Zahl vorsichtig aus der Form.

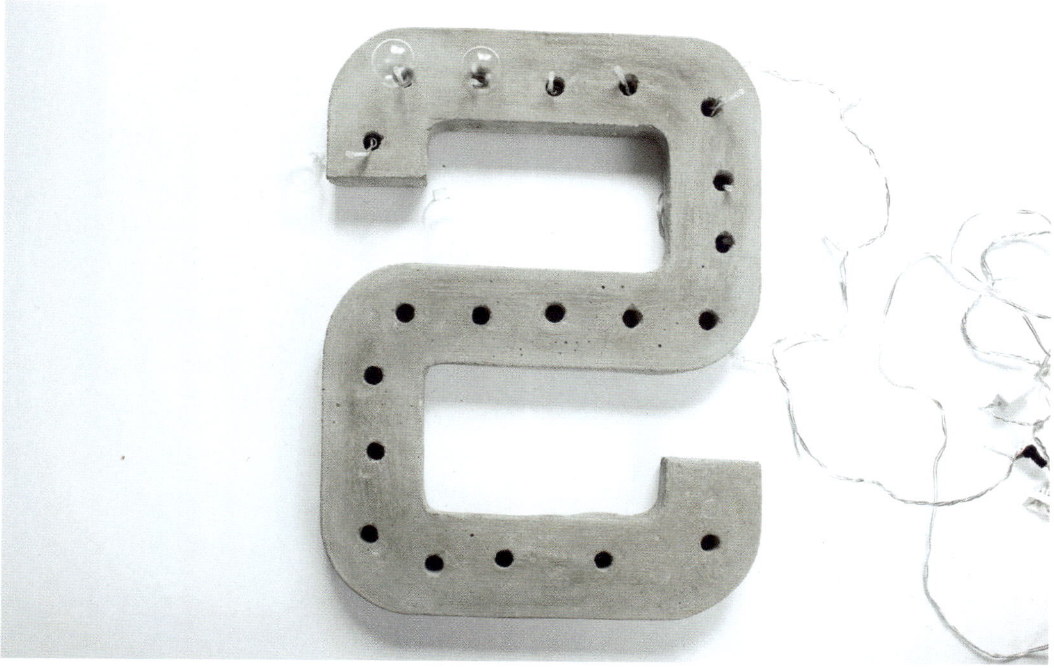

Schritt 9

Ziehen Sie die Birnen der Lichterkette durch die Rohrstück-Löcher und – Ihr Betonbuchstabenlicht ist fertig! Wenn Sie einen großen Buchstaben wählen, sollten Sie den Boden mit einem Gitter verstärken.

◆◆◆ | ◆◆◆ | ◆◇◇

BUCHSTABEN & ZAHLEN

ZAHLEN UND BUCHSTABEN AUS KARTON
DUNKELGRAUE, MITTELGRAUE, HELLGRAUE UND SCHWARZE FARBE
ZAHNBÜRSTE, PINSEL, SCHWAMM

Tragen Sie mit dem Pinsel eine erste Farbschicht in Dunkelgrau auf den Kartonbuchstaben bzw. die Kartonzahl auf und lassen Sie alles gut trocknen. Danach tupfen Sie mit einem leicht angefeuchteten Schwamm mittelgraue Farbe auf, fügen dann noch etwas Hellgrau hinzu und wischen vorsichtig mit dem Schwamm darüber. Spielen Sie einfach ein wenig mit den Farben und Effekten, bis die Kartonoberfläche fast wie polierter Beton aussieht. Den letzten Piff bekommt die Pappoberfläche, indem Sie mit einer Zahnbürste, die Sie in schwarze Farbe tauchen, mit dem Finger kleine Sprenkel aufspritzen.

PLANUNG & ORGANISATION

◆◇◇ | ◆◇◇ | ◆◇◇

RUNDE WANDUHR

1 UHREN-SET ZUM ZUSAMMENBASTELN
1 BLATT GRAUES SAND- ODER HOLZSCHLIFFPAPIER
GOLDFARBE (EVTL. ZUM BEMALEN DER ZEIGER)
12 GOLDFARBENE KUGELN ODER KLEINE PLÄTTCHEN
BLEISTIFT, KLEBSTOFF, CUTTER

Legen Sie das Zifferblatt (ohne Uhrwerk) auf die Rückseite des Sandpapiers und ziehen Sie den Umriss mit dem Bleistift nach. Vergessen Sie nicht, die Markierung für die Mitte zu übertragen. Schneiden Sie zuerst die Mitte aus und kleben Sie dann das Sandpapier auf die Vorderseite der Uhr. Markieren Sie die Platzierung der Stunden, und kleben Sie die goldfarbenen Kugeln oder Plättchen auf. Zum Schluss setzen Sie noch das Uhrwerk und die Zeiger ein.

WERKSTOFF

HOLZ

Kork, Eiche, Kiefer, Furnierholz, Papier in Holzoptik, Holzleisten, Rundholz, Bretter ... Holz ist einer der vielfältigsten Werkstoffe und bietet allein schon aufgrund der vielen Baumarten, von denen es stammt, ein breites Spektrum an Farben, Maserungen und Materialeigenschaften. Es eignet sich perfekt für alle Kreationen, schont zudem den Geldbeutel und ist auch mit einer der besten Untergründe zum Bemalen.
Ist Ihr Holz schön, wie Kiefer oder Eiche, sollten Sie es einfach so belassen und höchstens mit einer Schicht Mattlack überziehen. Falls Sie nicht so gerne gleich mit einer Säge starten möchten, nehmen Sie zum Einstieg am besten Balsaholz, eine sehr leichte Holzart, die sich einfach bearbeiten lässt, sogar mit einem Cutter. Balsaholz finden Sie in Hobby-Läden. Dort gibt es auch Papier in Holzoptik, das Sie zum Überziehen von Pappschachteln verwenden können.

S. 91

S. 86

S. 90

S. 78

S. 88

S. 82

S. 80

S. 90

S. 88

S. 91

S. 78

S. 82

S. 79

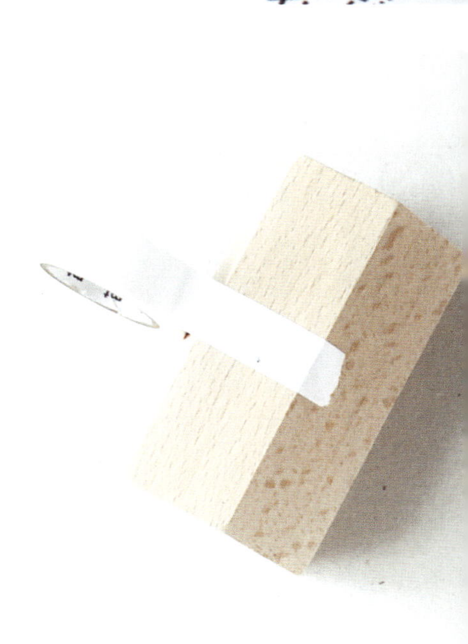

S. 84

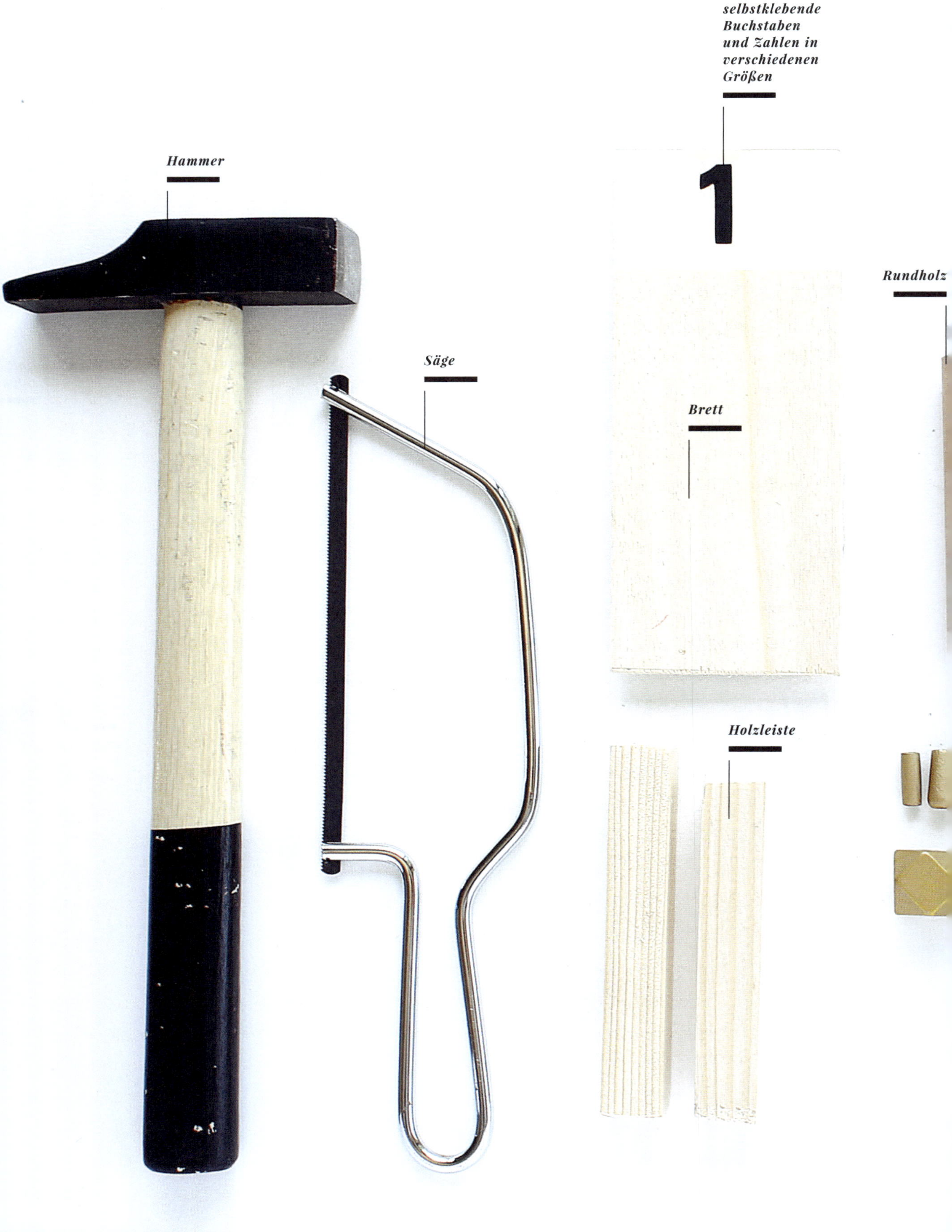
selbstklebende Buchstaben und Zahlen in verschiedenen Größen
1
Hammer
Rundholz
Säge
Brett
Holzleiste

WERKZEUG UND MATERIAL

◆◆◇ | ◆◆◇ | ◆◇◇

WANDHAKEN

1 STÜCK RUNDHOLZ, 12 CM LANG UND 2,5 CM Ø
LEDERREST, 2,5 X 20 CM
1 HOLZSCHRAUBE MIT DOPPELGEWINDE
1 DÜBEL
FILZSCHREIBER, SCHERE, BOHRMASCHINE

Falten Sie den Lederstreifen zur Hälfte, um eine 10 cm lange Schlaufe zu bilden. Machen Sie am Schlaufenende einen Abdruck vom Durchmesser des Rundholzes auf das Leder. Dann zeichnen Sie oben an der Schlaufe einen Halbkreis auf und schneiden ihn aus – so schließt das Leder oben bündig mit dem Rundholz ab. Bohren Sie in die Mitte eines Rundholzendes ein Loch und ein weiteres oben an der Schlaufe in das Leder. Legen Sie die Lederschlaufe an das Rundholz, und drehen Sie dann die Schraube ein, damit die beiden Teile zusammengefügt werden. Anschließend bohren Sie ein Loch in die Wand, stecken einen Dübel in das Loch und schrauben den Haken an die Wand.

◆◆◇ | ◆◆◇ | ◆◇◇

KISTENREGAL MIT BEINEN

1 WEINKISTE AUS HOLZ
2 TISCHBEINE
2 HALBRUNDKOPFSCHRAUBEN, BOHRMASCHINE,
ROLLGABEL- BZW. SCHRAUBENSCHLÜSSEL,
BLEISTIFT

Die Position der Tischbeine auf einer Seite der Kiste bestimmen, mit dem Bleistift markieren und die Löcher bohren. Entfernen Sie die vormontierten Schraubaufsätze (Schrauben, Gewindestifte) der Tischbeine mit einem Schraubenschlüssel. Stellen Sie die Beine unter das Regal, sichern Sie sie mit einer Halbrundkopfschraube und ziehen Sie diese vom Innern der Kiste aus mit dem Schraubenschlüssel fest. Damit das Regal stabil steht, lehnen oder nageln Sie es an eine Wand. Sie können es auch komplett oder nur teilweise in den Farben Ihrer Wahl streichen.

◆◆◆ | ◆◆◆ | ◆◇◇

DAUERKALENDER

1 HOLZKISTE
3 SPERRHOLZPLATTEN, 250 X 122 CM
SELBSTKLEBENDE BUCHSTABEN UND ZAHLEN
IN VERSCHIEDENEN GRÖSSEN
SÄGE, METERMASS

Messen Sie Breite und Höhe der Holzkiste. Messen Sie ebenfalls die Höhe der Buchstaben und Zahlen. Schneiden Sie für die Monate und Tage aus der Sperrholzplatte einzelne Holzstücke in der Breite der Kiste und errechnen Sie die Höhe der Stücke, indem Sie Kistenhöhe und Buchstaben- bzw. Zahlenhöhe addieren. Die Holzstücke für die Zahlen schneiden Sie in der Mitte der Breite noch einmal durch. Kleben Sie alle Zahlen und Buchstaben auf die verschiedenen Holzstücke, füllen Sie mit diesen Ihre Kiste und – schon sind Sie fertig!

TIPP

Für eine Holzkiste mit den Maßen 15 x 10 cm und 8 cm Höhe, benötigen Sie Sperrholzplättchen mit 12 x 6,5 cm für die Zahlen, 14,5 x 13 cm für die Tage und 18 x 13 cm für die Monate. Passen Sie die Maße an die Ihre Holzkiste an!

◆◆◇ | ◆◇◇ | ◆◇◇

STIFTEBECHER MIT GEOMETRISCHEM MUSTER

1 SECHSECKIGER HOLZBECHER
UNTERSCHIEDLICHE FARBEN (Z. B. HELLROSA, FUCHSIA, BLAU UND GELB)
MATTLACK
MASKING TAPE
PINSEL

Schritt 1

Sie verwenden das Masking Tape, um die Malbereiche auf dem Holzbecher abzugrenzen. Kleben Sie zuerst auf halber Höhe ein Stück Tape rundherum und fügen Sie dann zwei Stücke über Kreuz hinzu, die von der Kante des mittigen Tapes bis zum Becherrand reichen. Die Vorlage auf Seite 285 zeigt Ihnen ein Schema, wie Sie die Muster der sechs Becheraußenflächen gestalten können.

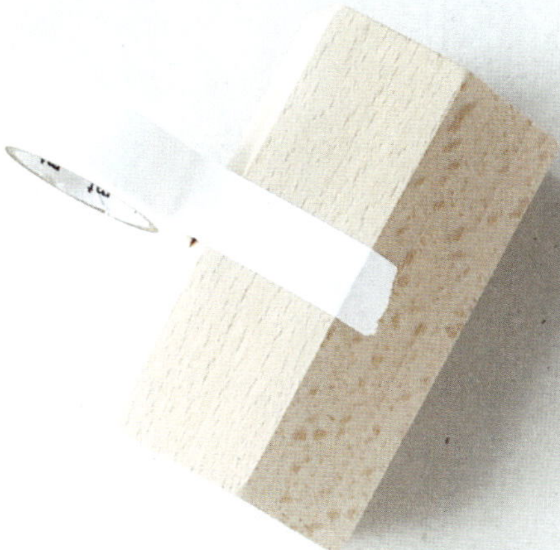

Schritt 2

Malen Sie das erste Dreieck und lassen Sie die Farbe trocknen. Versetzen Sie dann das Masking Tape an den Rand des fertigen Dreiecks und malen Sie ein zweites Dreieck auf. Wiederholen Sie diesen Vorgang für alle Dreiecke.

Schritt 3

Bemalen Sie jede Sechseckfläche, wie in Schritt 2 beschrieben, und lassen Sie die Farbe trocknen. Überziehen Sie den Becher abschließend mit einer Lackschicht, um die Farbe zu schützen.

Schritt 1

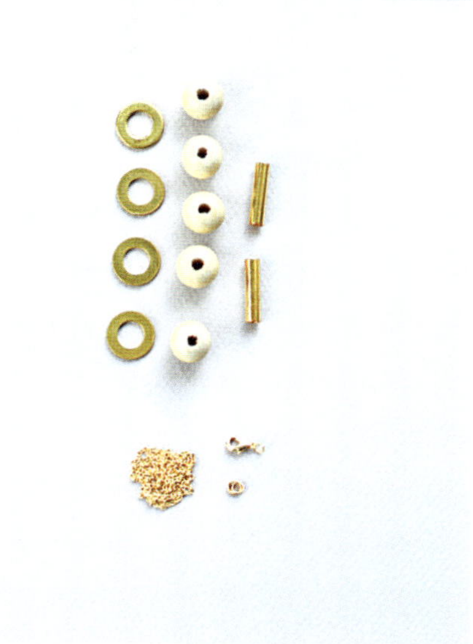

Schritt 2

Schritt 3

PERLENKETTEN

7 HOLZPERLEN, 1,5 CM Ø
2 HOLZPERLEN, 1 CM Ø
2 GOLFARBENE QUADRATISCHE PERLEN
4 GOLDFARBENE MESSINGSCHEIBEN (ABSTANDSHALTER-SCHEIBEN)
4 GOLDFARBENE RÖHRCHEN, 0,5 MM Ø
2 GOLDFARBENE GEBOGENE RÖHRCHEN, 0,5 MM Ø
2 DICKE GOLDFARBENE SCHEIBEN
1 QUADRATISCHE HOLZPERLE
2 KLEINE GOLDFARBENE PERLEN
2 GOLDFARBENE HOLZRÖHRCHEN, 0,5 CM Ø
1 GOLDFARBENE KETTE, 150 CM LANG
1 VERSCHLUSS
SCHWARZE FARBE, ZANGE, PINSEL

Probieren Sie mit den gewählten Perlen, Röhrchen und Scheiben verschiedene Reihenfolgen und Kombinationen aus, bevor Sie sich entscheiden. Wenn Sie möchten, können Sie die Holzperlen mit Farbe bemalen. Fädeln Sie Ihre Komposition direkt auf die Kette. Zuletzt befestigen Sie die beiden Teile des Verschlusses mit der Zange an den Kettenenden.

◆◆◇ | ◆◆◇ | ◆◇◇

WEBRAHMEN

1 HOLZLEISTE, 140 CM LANG, 9 X 9 MM
1 FUSSLEISTE, 60 CM LANG, 5 CM BREIT
54 KLEINE GOLDFARBENE NÄGEL
SÄGE, HAMMER, ALLESKLEBER

TIPP

Sie können auf diesem Rahmen mit Wolle (siehe Seite 106–109) oder mit Blumen und Gräsern (siehe Seite 144–145) weben. Die Abbildung auf Seite 288 zeigt, wie Sie die Kettfäden spannen müssen.

Schritt 1

Sägen Sie von der Holzleiste 2 je 30 cm und 2 je 40 cm lange Stücke ab. Sägen Sie die Ecken mit einem Schrägschnitt auf Gehrung.

Schritt 2

Kleben Sie die vier Stücke zu einem Rahmen zusammen und lassen Sie den Klebstoff gut trocknen.

Schritt 3

Schlagen Sie zur Stabilisierung des Rahmens an den 4 Ecken je einen kleinen Nagel ein. Dann sägen Sie die Fußleiste in zwei Stücke und nageln je eines auf die Rückseite jeder Querleiste.

Schritt 4

Schlagen Sie auf einer Querleiste des Rahmens im Abstand von je 1 cm die kleinen Nägel für die Kettfäden ein. Machen Sie dasselbe auf der anderen Querleiste und achten Sie darauf, dass sich die Nägel exakt gegenüberliegen.

BLUMEN & PFLANZEN

◆◇◇ | ◆◇◇ | ◆◇◇

MINI-GEWÄCHSHAUS

6 GLEICHGROSSE RECHTECKIGE HOLZRAHMEN
ALLESKLEBER

Schritt 1

Zwei Rahmen an den kurzen Seiten mit Vorderkante auf rückseitiger Kante zusammenkleben. Noch 2 x mit anderen Rahmen wiederholen.

Schritt 2

Kleben Sie die Doppelrahmen so aneinander, dass Sie einen Würfel haben, der das Fundament Ihres Gewächshauses bildet.

Schritt 3

Für das Dach kleben Sie die zwei restlichen Rahmen wie in Schritt 1 – allerdings an den langen Seiten – zusammen.

Schritt 4

Zum Schluss kleben Sie das Dach auf das Gewächshäuschen und lassen alles gut trocknen.

DEKO-PINNWAND

3 A3-BÖGEN SCHAUMKARTON
3 BLÄTTER A4-PAPIER IN HOLZOPTIK
(VERSCHIEDENE FARBEN)
1 BIEGSAME KORKPLATTE
1 STÜCK KARTON
CUTTER, LINEAL, PINSEL UND KLEBSTOFF,
DOPPELSEITIGES KLEBEBAND
ROSA UND GOLDENE FARBE

Schritt 1

Kleben Sie die Papierblätter und den Kork auf den Schaumkarton. Danach übertragen Sie die Raute von Seite 285 auf den Karton.

Schritt 2

Schneiden Sie die Form mit dem Cutter als Schablone aus und mithilfe dieser dann 4 Rauten aus einem überzogenen Schaumkarton.

Schritt 3

Schneiden Sie auf dieselbe Weise auch die Rauten aus den anderen Kartonbögen und überziehen Sie einige Korkrauten mit rosa und goldener Farbe.

Schritt 4

Bilden Sie aus je 3 Rauten Vielecke und halten Sie die Rauten an ihren Rändern mit ein wenig Kleber zusammen. Befestigen Sie die Vielecke mit doppelseitigem Klebeband an der Wand.

HÄNGEREGAL

1 HOLZBRETT, 35 X 10 CM, 0,8 CM STARK
1 GOLDFARBENE KETTE, 150 CM LANG
4 KLEINE MESSINGHAKEN BZW. ÖSENSCHRAUBEN, 2,5 CM LANG
BOHRMASCHINE, ZANGE,
2 DÜBEL UND 2 HAKEN, ALLESKLEBER

Markieren Sie die Stellen für die 4 Ösenschrauben auf dem Brett: an allen 4 Ecken mit je etwa 2 cm Abstand zum Rand. Bohren Sie 4 kurze Löcher im Gewindedurchmesser der Schrauben, ohne durch das Brett zu brechen. Geben Sie etwas Alleskleber auf die Gewinde und drehen Sie die Ösenschrauben ein. Teilen Sie die Kette in vier Stücke. Biegen Sie an einem Ende der Kette das erste Glied mit der Zange auf, legen Sie es in die Öse einer Schraube ein und schließen Sie es wieder. Befestigen Sie die drei anderen Kettenstücke auf dieselbe Weise in den Ösenschrauben. Zum Aufhängen des Regals dübeln Sie zwei Haken in die Decke.

◆◆◇ | ◆◇◇ | ◆◇◇

FENSTERLICHT

HOLZLEISTEN 1,8 X 1,8 MM, 4,5 M LANG
16 WINKEL, 32 SCHRAUBEN
BRAUNE, WEISSE UND GRAUE FARBE
1 LED-LICHTERKETTE
SÄGE, SCHRAUBENZIEHER, PINSEL, KÜCHENROLLE

Die Holzleisten in zwei 60 cm, drei 81 cm und zwei 27,5 cm lange Stücke schneiden. Anschließend setzen Sie die verschiedenen Stücke dem Plan auf Seite 290 entsprechend zusammen, positionieren die Winkel in den Ecken und schrauben alles fest. Streichen Sie den Rahmen mit brauner Farbe an. Danach setzen Sie mit dem Pinsel zufällige weiße Farbakzente, die Sie mit Küchentüchern stellenweise abtupfen und verwischen. Malen Sie mit Grau nochmals darüber und dann wieder mit Weiß. Trocknen lassen. Wenn Sie möchten, können Sie den Rahmen auch lackieren. Zum Schluss drapieren Sie die Lichterkette dekorativ um den Fensterrahmen.

WERKSTOFF

GARNE & CO.

Man könnte diesem Werkstoff fast ein ganzes Buch widmen. Angefangen bei Plastikschnüren und -bändern wie Scoubidous, über Elektrokabel, Wolle, Schnur, Baumwollgarn … kurz gesagt, das Spektrum ist grenzenlos. Das Material lässt sich verdrehen, verformen, dehnen, wickeln … und diese unglaubliche Elastizität ist auch sein größter Vorteil. Garne gibt es in allen denkbaren Farben und Texturen, und Wolle allein bietet bereits ein nahezu unerschöpfliches Repertoire an Verwendungsmöglichkeiten. Sie werden gleich sehen, dass alle Projekte mit diesem Werkstoff wie am Schnürchen laufen und Sie plötzlich Ideen am laufenden Band haben!

S. 114

S. 102

S. 104

S. 100

S. 99

S. 110

S. 100

S. 106

S. 98

S. 110

S. 99

S. 98

S. 114

Baumwollstickgarn
Scoubidou-Band
Wolle in verschiedenen Farben und Texturen
stoffummanteltes Elektrokabel
Schnur, 0,5 cm Ø
Wollknäuel

WERKZEUG UND MATERIAL

SPIEL & SPASS

POMPON-WÜRFEL

GRÜNE WOLLE
2 STÜCK KARTON IM A4-FORMAT
ZIRKEL, SCHERE

Zeichnen Sie mit dem Zirkel auf jedes Kartonstück einen Kreis mit 20 cm Durchmesser, und schneiden Sie beide aus. Dann in die Mitte jedes Kreises einen kleineren 10-cm-Kreis zeichnen und ausschneiden, um 2 Ringe zu erhalten. Die Ringe aufeinanderlegen, dick mit Wolle umwickeln, in der Mitte gut festhalten, die Scherenspitze zwischen die Pappringe schieben und die Wolle entlang der Kreislinie aufschneiden. Einen Wollfaden zwischen die Pappringe legen, festziehen und die Enden verknoten. Den Pompon quadratisch zurechtschneiden und dabei auf richtige Winkel und gut ausgeprägte Ecken achten.

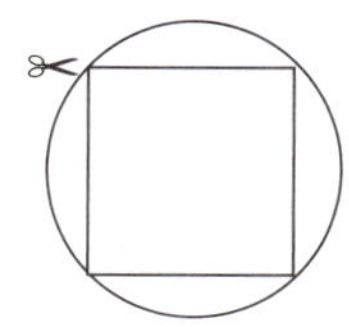

SCHMUCK & ACCESSOIRES

WEBSTOFF-BROSCHEN

FÜR EINE BROSCHE:
1 STÜCK KANEVAS (GITTERSTOFF), 4 X 4 CM,
1 STÜCK KARTON, 2,5 X 2,5 CM (FÜR DIE INNENSEITE)
1 STÜCK KARTON, 2 X 2 CM (FÜR DIE UNTERSEITE)
5 STRÄNGE BAUMWOLLSTICKGARN IN
VERSCHIEDENEN FARBEN
1 BROSCHENNADEL
FILZSTIFT, LINEAL, STICKNADEL, KLEBSTOFF

Zeichnen Sie eine Diagonale auf den Stoff, besticken Sie ihn im Spannstich und kleben Sie ihn mittig auf das größere Kartonstück. Die 4 Ecken etwas einschneiden, den Stoff auf die Kartonrückseite umschlagen und festkleben. Das kleine Stück Karton mittig auf die Stoffecken-Rückseite kleben und auf dieses die Broschennadel.

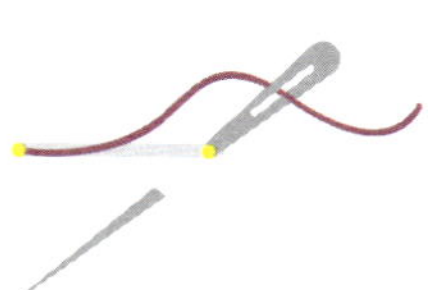

SCHMUCK & ACCESSOIRES

◆◇◇ | ◆◇◇ | ◆◇◇

„ELEKTRO"-ARMBAND

25 CM STOFFUMMANTELTES ELEKTROKABEL
1 STÜCK MESSINGBLECH, 1 MM STARK
SCHERE, KLEBSTOFF

Ermitteln Sie den Umfang Ihres Handgelenks, geben Sie noch 2 bis 3 cm zu, damit Sie das Armband leichter überstreifen können, und schneiden Sie das Kabel in passender Länge ab. Kleben Sie die Kabelenden aneinander, um das Armband zu schließen. Trocknen lassen. Schneiden Sie aus dem Messingblech ein 4 cm großes Quadrat und rollen Sie es zu einem Röhrchen ein. Schieben Sie das Röhrchen so auf das Armband, dass es die Kabelenden verdeckt, und kleben Sie es fest. Fertig!

TIPP

Der Chic dieses Armbands steht und fällt mit dem stoffummantelten Elektrokabel. Schauen Sie sich in Baumärkten um oder suchen Sie gezielt im Internet – Sie werden überrascht sein, wie riesig die Auswahl ist. In diesem Fall fiel die Wahl auf eine Stoffummantelung mit Goldtönen, die hervorragend zu Messing passt.

◆◆◇ | ◆◇◇ | ◆◇◇

KORB AUS SEIL

5 M SEIL, 0,5 CM Ø
TEXTILFARBE IN 4 VERSCHIEDENEN TÖNEN
(Z. B. ROSA, GELB, BLAU UND GRÜN)
PINSEL, HEISSKLEBEPISTOLE

Schritt 1

Schützen Sie die Arbeitsfläche mit einem großen weißen Stoffstück, etwa einem alten Bettlaken. (Das ist wichtig, siehe Seite 168–171!)

Schritt 2

Und das ist der Moment, der am meisten Spaß macht! Tauchen Sie den Pinsel in eine der Farben und bespritzen Sie das Seil. Wiederholen Sie dies immer wieder und drehen und wenden Sie dabei das Seil hin und her, damit es schön bunt wird. Trocknen lassen.

Schritt 3

Rollen Sie das Seil zu einer flachen Spirale auf und geben Sie regelmäßig mit der Heißklebepistole Klebepunkte auf die Wicklung. So verteilen sich die Farbpunkte gleichmäßig. Wenn der Korbboden groß genug ist, legen Sie bei jeder Runde das Seil etwas weiter nach oben, um den Rand des Korbs zu bilden.

TIPP

Flechten Sie mit einem dünneren Seil zwei Zöpfe als Korbhenkel!

Schritt 1

Schritt 2

Schritt 3

COLLIER IM ETHNO-STIL

1 STÜCK MESSINGBLECH, 16 X 10 CM, 1 MM STARK
1 STRANG BAUMWOLLSTICKGARN IN PUDERROSA
2 GOLDFARBENE KETTEN, JEWEILS 20 CM LANG
1 VERSCHLUSS
2 GOLDFARBENE RINGE, 0,3 CM Ø
BOHRER, ZANGE, SCHERE, CUTTER

Schneiden Sie die Form nach Vorlage von Seite 287 aus der Messingplatte. Bohren Sie 13 Löcher mit 1 cm Durchmesser und etwa 3 mm Randabstand (siehe Markierungen). Anschließend vom Baumwollgarn 130 je 10 cm lange Fäden abschneiden und jeweils 10 Fäden bündeln. Ein Fadenbündel in der Mitte falten und an der Falte zur Hälfte durch das erste Loch ziehen. Die Fadenenden durch die entstandene Schlaufe holen und leicht anziehen. Die übrigen Fadenbündel in gleicher Weise durch die Löcher ziehen. Schneiden Sie die Fäden eines jeden Bündels, der Messingform folgend, in gleicher Höhe ab. Stechen Sie an beiden Spitzen der Halbmondform mit dem Cutter zwei kleinere Löcher. Dann stecken Sie die Ringe in die Löcher, hängen die Ketten ein und schließen die Ringe wieder. Zuletzt befestigen Sie den Kettenverschluss.

MAKRAMEE-BLUMENAMPEL

6 M SCHNUR ODER SEIL, 0,3 CM Ø
1 MARMORGEFÄSS ODER 1 TONTOPF, 15 CM Ø
SCHERE

TIPP

Bedecken Sie den Boden des Topfes mit einem kleinen Moosbett und pflanzen Sie eine Sukkulente ein. Mäßig gießen.

Schritt 1

4 Seilstücke je 40 cm abschneiden, bündeln, zur Hälfte legen und in der Mitte verknoten, damit 4 Schlaufen entstehen. Noch 4 Stücke je 40 cm abschneiden und durch die Schlaufen ziehen.

Schritt 2

Faden 1 mit Faden 4 verknoten, dann Faden 3 mit Faden 6 und Faden 5 mit Faden 8.

Schritt 3

Die Knoten festziehen und danach Faden 2 mit Faden 7 verknoten.

Schritt 4

Stellen Sie den Topf in die Mitte. Binden Sie oben alle Seile zu einem großen Knoten. Kürzen Sie die frei hängenden Fäden, falls sie unten oder oben zu lang sind.

◆◆◆ | ◆◆◆ | ◆◆◇

HÜBSCHER WEBTEPPICH

WOLLRESTE IN VERSCHIEDENEN FARBEN UND UNTERSCHIEDLICHEN TEXTUREN (INSGESAMT ETWA 30 M)
11 M BAUMWOLLFADEN ODER KETTGARN,
1 ZWEIG, ETWA 45 CM LANG
HANDWEBSTUHL (SIEHE SEITE 84–85), KAMM,
WEBERSCHIFFCHEN, STUMPFE WOLLNADEL

Schritt 1

Den Baumwollfaden am 1. Nagel unten links festbinden, straff ziehen und die Kettfäden nach Schema auf Seite 288 aufspannen.

Schritt 2

Von rechts nach links abwechselnd über und unter den Kettfäden einen weißen Wollfaden durchziehen, rechts etwa 5–7 cm Faden hängen lassen.

Schritt 3

Wollfaden etwas anziehen, damit das Webstück schön glatt wird. Nun von links nach rechts weben, d. h. den Wollfaden umgekehrt über oder unter den Kettfäden durchführen, evtl. auf einem Schiffchen.

Schritt 4

Arbeiten Sie auf diese Weise weiter und drücken Sie, wenn Sie einige Zentimeter gewebt haben, die Wolle mit dem Kamm nach unten.

Schritt 5

Nach 10 cm wechseln Sie die Wollfarbe. Lassen Sie beim Beenden der weißen Wolle am rechten Rand etwa 7 cm hängen, setzen Sie die beigefarbene Wolle an und weben Sie mit dieser weiter.

Schritt 6

Knüpfen Sie ockergelbe Wolle an den mittleren Kettfaden und weben Sie wie zuvor, doch nur über einige Kettfäden: Reihe 1 über 2 Fäden, Reihe 2 über 4, Reihe 3 über 6 ... für ein schönes Dreieck.

Schritt 7

Die Wollfäden des Dreiecks mit dem Kamm gut verdichten und den Schussfaden bis auf einen 7 cm langen Restfaden abschneiden.

Schritt 8

Füllen Sie die Flächen an beiden Seiten des Dreiecks mit weißer Wolle, die sich jedoch von der zuerst verwendeten unterscheidet.

Schritt 9

Arbeiten Sie weiter nach Vorlage (Seite 299). Weben Sie eine Reihe mit ockerfarbener Wolle und ziehen Sie dann 30 cm lange doppelt gelegte Wollfäden als Fransen ein.

Schritt 10

Mit weißer Wolle eine zweite Fransenreihe einziehen. Dann die ersten beiden Kettfäden abschneiden und verknoten. Die ganze Reihe so abarbeiten und alle Kettfäden paarweise verknoten.

Schritt 11

Vernähen Sie die losen Fadenreste von den Rändern mit der stumpfen Wollnadel auf der Rückseite des Webstücks.

Schritt 12

Schieben Sie den Baumzweig an der Oberkante durch die Webarbeit und heben Sie diese etwas an, um sie vom Rahmen zu lösen.

VASEN MIT SCOUBIDOU

SCHRAUBGLÄSER, WIE ALTE OLIVENGLÄSER,
FRUCHTSAFTFLASCHEN ODER MARMELADEGLÄSER
42 SCOUBIDOU-BÄNDER, FARBLICH ABGESTIMMT
SCHERE, HEISSKLEBEPISTOLE, KLEBEBAND

Schritt 1

Stellen Sie die Farben der Bänder zum Flechten zusammen. Sie werden 4 Zöpfe mit je 3 x 3 Strängen (4 x 9 Bänder) anfertigen und 2 einfache Zöpfe mit je 3 x 1 Strang (2 x 3 Bänder).

Schritt 2

Flechten Sie einen einfachen Zopf mit 3 Bändern derselben Farbe. Die 3 Bänder verknoten, den Knoten mit Klebeband auf der Arbeitsfläche fixieren und die Bänder bis zum Ende flechten.

Schritt 3

Knapp über dem unteren Flaschenrand eine Linie Heißkleber auftragen und auf dieser den Zopf einmal um die Flasche wickeln.

Schritt 4

Den restlichen Zopf abschneiden und das Zopfende mit einem Tropfen Klebstoff sichern.

Schritt 5

Die Scoubidou-Bänder nach Farben in Stränge (3 x 3) legen und wie den einfachen Zopf in Schritt 2 flechten, die Stränge aber zu Beginn nicht verknoten.

Schritt 6

Geben Sie über dem ersten Zopf Heißkleber auf die Flasche und befestigen Sie darauf einen Zopf. Kürzen Sie ihn nicht sofort, damit er nicht ausfranst.

Schritt 7

Den ersten großen Zopf nicht kürzen! Erst wenn Sie über diesem einen zweiten großen befestigt haben, können Sie den ersten Zopf zurechtschneiden.

Schritt 8

Weitere Zöpfe aufkleben und abschneiden, wie in den Schritten 6 und 7 beschrieben.

Schritt 9

Zuletzt flechten Sie einen Zopf wie in Schritt 2 beschrieben und kleben ihn als Abschluss auf.

Schritt 1

Schritt 2

Schritt 3

TRAUMFÄNGER

1 LAMPENSCHIRMRING IN WEISS
12 X 70 CM LANGE WEISSE WOLLFÄDEN, DICK UND FLAUSCHIG
2 X 70 CM LANGE DUNKELNBLAUE WOLLFÄDEN
2 X 70 CM LANGE SENFGELBE WOLLFÄDEN
1 HOLZPERLE, ZIEMLICH GROSS
STUMPFE WOLLNADEL

Einen weißen Wollfaden in der Mitte falten, die Schlaufe von hinten über den Lampenschirmring legen und die Fadenenden durch die Schlaufe ziehen, aber nicht zu fest. Die anderen weißen Wollfäden auf dieselbe Weise am Ring befestigen und darauf achten, dass die Knoten immer in gleicher Richtung liegen. Dann fügen Sie auf beiden Seiten neben den vier mittleren weißen Fäden je einen gelben und einen blauen Faden hinzu und ziehen alle Knoten fester, damit sie schön auf dem Ring sitzen. Zum Abschluss die blauen und senfgelben Wollfäden in die Wollnadel fädeln und durch die Holzperle ziehen, die Nadel wieder abziehen und die Holzperle zur Mitte der Wollfäden hochschieben.

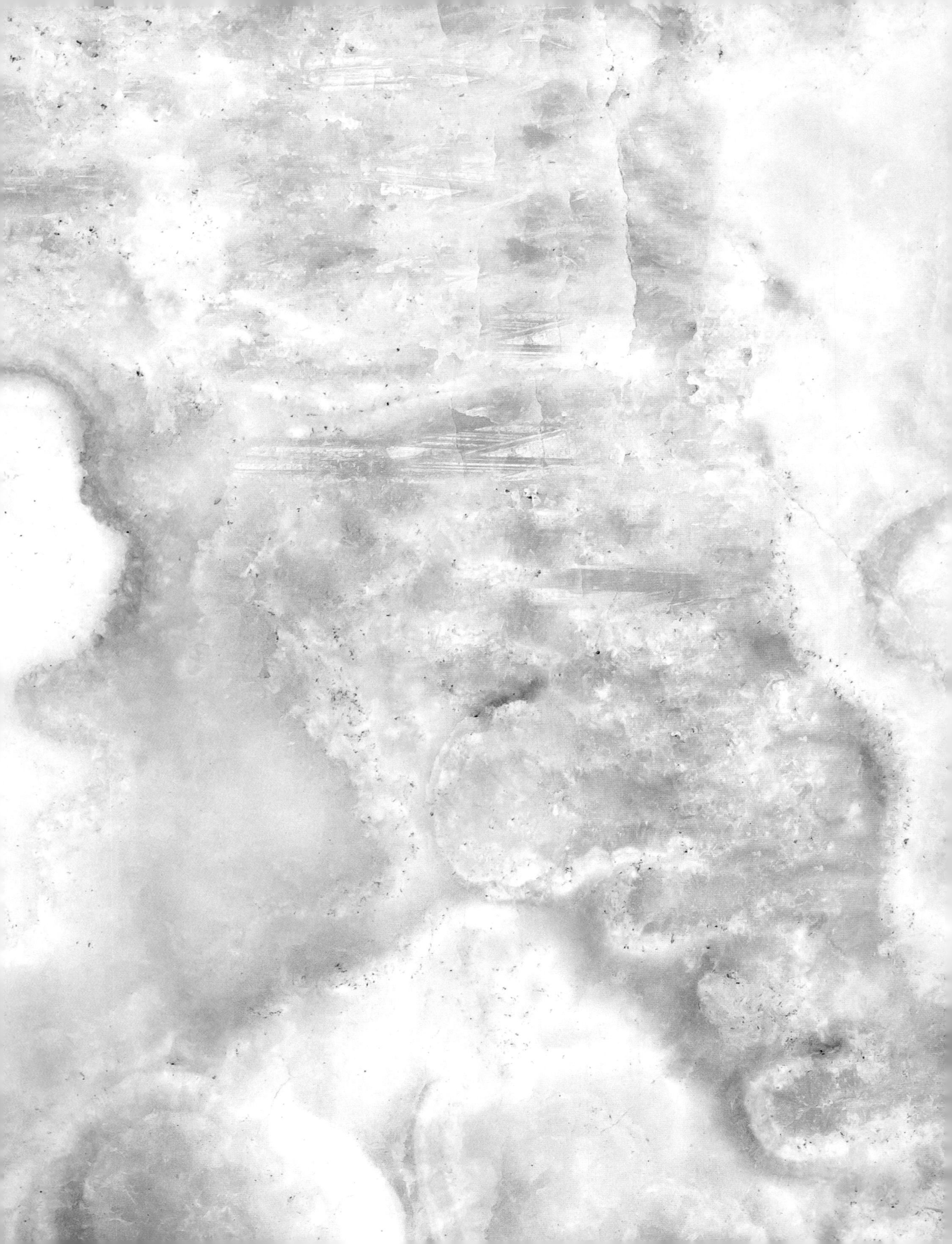

WERKSTOFF

MINERALIEN

Mineralien sind ein Werkstoff, der aus dem Inneren der Erde kommt und in unseren Händen nahezu Energie versprüht. Zudem verlockt er mit einem Spektrum an Farben und Eigenschaften, das man sonst nicht finden kann, und von daher war es wichtig, dass dieses vielfältige Material seinen Platz im Buch bekommt. Im folgenden Kapitel geht es um unvergängliche Steine, roh oder geschliffen, und um vergängliche Gebilde wie Salze, die sich im Wasser auflösen. Dieses geheimnisvolle Material, mit dem uns die Natur beschenkt, zieht schon seit ewigen Zeiten die Menschen in seinen Bann – lassen Sie sich verzaubern.

S. 123

S. 124

S. 130

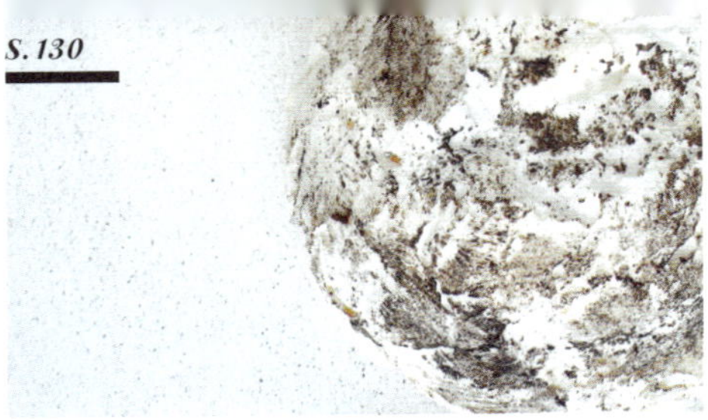

S. 132

S. 122

S. 126

S. 130

S.128

S.122

S.122

S.124

S.133

S.123

transparente Tüten
Alleskleber
Reagenzglas
Duftöl
Epsom-Salz
Zange
Behälter aus braunem Glas
Messingdraht mit 1 mm Ø

WERKZEUG UND MATERIAL

SCHMUCK & ACCESSOIRES

◆◇◇ | ◆◇◇ | ◆◇◇

SOLITÄRRINGE

1 QUARZ-PERLE (FÜR EINEN RING)
20 CM MESSINGDRAHT, 1 MM Ø
ZANGE, KLEBSTOFF

Wickeln Sie den Messingdraht um einen Finger und schneiden Sie den Draht großzügig so ab, dass die runde Form erhalten bleibt. Geben Sie an ein Ende des Drahts einen Tropfen Klebstoff und stecken die Perle zur Hälfte auf den Drahtring. Trocknen lassen. Auf das andere Ende des Drahts Kleber geben und das Ende in die Öffnung der Perle stecken, um den Ring zu schließen und die Verschlussstelle in der Perle zu verstecken. Gut trocknen lassen.

WELLNESS

◆◇◇ | ◆◇◇ | ◆◆◇

BADESALZ IM GLAS

BADESALZE (SIEHE SEITE 124–125)
1 FLASCHENKORKEN
1 REAGENZGLAS (MIT FLACHEM BODEN)
EINIGE TROPFEN ÄTHERISCHES ÖL
MESSER, GLAS- ODER SCHMIRGELPAPIER

Stellen Sie Ihr gewünschtes Badesalz her. Schneiden Sie mit dem Messer den Korken so zu, dass er in das Reagenzglas passt, und entfernen Sie anschließend mit dem Schmirgelpapier kleine Unebenheiten. Füllen Sie nun das Glasrohr mit Badesalz und geben Sie einen Tropfen ätherisches Öl dazu. Den Korken aufstecken, mischen und fertig!

TIPP

Sie können kleine Etiketten anfertigen (siehe Seite 286) und diese auf die Gläschen kleben.

◆◇◇ | ◆◇◇ | ◆◇◇

EDLE HALSKETTEN

FÜR DEN TRANSPARENTEN ANHÄNGER
1 TRANSPARENTER SCHMUCKSTEIN MIT FACETTEN
1 KETTE, 70 CM LÄNGE MIT VERSCHLUSS
20 CM UND 5 CM MESSINGDRAHT, JEWEILS 1 MM Ø
HEISSKLEBEPISTOLE, ZANGE

FÜR DEN WEISSEN ANHÄNGER
1 WEISSER SCHMUCKSTEIN
1 GOLDFARBENE FASSUNG FÜR DEN STEIN
1 GOLDFARBENER METALLSTIFT
1 GOLDFARBENER SPALTRING, 3 MM Ø
1 KETTE, 70 CM LÄNGE, MIT VERSCHLUSS
HEISSKLEBEPISTOLE, ZANGE

Transparenter Anhänger
Wählen Sie einen Stein mit Facetten, er verleiht der Kette zusammen mit dem Messingdraht mehr Eleganz. Tragen Sie mit der Heißklebepistole etwa 8 mm von der Spitze entfernt rund um den Stein Klebstoff auf und wickeln Sie den langen Messingdraht auf dem heißen Kleber zehnmal um den Stein. Heben Sie den gewickelten Draht leicht an und schieben Sie den kurzen Messingdraht so durch, dass er oben am Stein eine kleine Kettenschlaufe bildet. Draht gut festziehen, falls nötig mit einem Tropfen Klebstoff fixieren. Ziehen Sie die Kette durch die Schlaufe – und fertig!

Weißer Anhänger
Setzen Sie den Metallstift in die Fassung und formen Sie am Stiftende mit der Zange eine Öse. Hängen Sie den Spaltring in die Öse. Geben Sie einige Tropfen Klebstoff in die Fassung und legen Sie den Stein hinein. Anschließend ziehen Sie die Kette durch den Ring und schließen ihn.

NATÜRLICHE BADESALZE

KLEINE TÜTEN AUS PERGAMENTPAPIER
6 EL GROBES SALZ
8 EL EPSOM-SALZ
EINIGE TROPFEN LEBENSMITTELFARBE
EINIGE TROPFEN DUFTÖL
MASKING TAPE, ALLESKLEBER

TIPP

Epsom-Salz, auch Bittersalz oder Epsomit genannt, ist eigentlich Magnesiumsulfat, das Sie in jeder Apotheke, vielen Drogerien und auch online problemlos kaufen können.

Schritt 1

Vermischen Sie das grobe Salz mit dem Epsom-Salz.

Schritt 2

Geben Sie 5 Tropfen Lebensmittelfarbe und 5 Tropfen Duftöl zur Salzmischung und mischen Sie alles kräftig durch. Sie sollten ein perfekt homogenes Ergebnis erzielen. In diesem Stadium können Sie auch getrocknete Blüten wie etwa Lavendel- oder Rosenblätter hinzufügen.

Schritt 3

Fotokopieren Sie die Etiketten von Seite 289. Dann drucken Sie die gewünschte Anzahl auf Recyclingpapier und schneiden sie aus. Füllen Sie die Mischung in Tütchen, verschließen Sie diese mit Kreppband und kleben Sie die Etiketten auf.

3
500 G
1
BOUGIES SENTEUR
100 % HANDMADE
500 G

Schritt 1

Schritt 2

Schritt 3

WELLNESS

DUFTKERZEN

KERZENWACHS IN PULVERFORM
DUFTÖLE
KERZENDOCHT
KLEINER BRAUNER GLASBEHÄLTER VOM TYP APOTHEKERGLAS
KOCHBBEUTEL ODER TOPF FÜR DAS WACHSSCHMELZEN IM WASSERBAD
GUMMI, KLEINES PFÄNNCHEN, SCHERE,
1 PLASTIKLÖFFEL, ZAHNSTOCHER, VINYLKLEBER

Geben Sie ausreichend Kerzenwachs in den Kochbeutel, schließen Sie ihn mit einem Gummi, legen Sie ihn in den Topf mit Wasser und lassen Sie das Wachs bei mittlerer Hitze darin vollständig schmelzen.
In der Zwischenzeit schneiden Sie ein Dochtstück ab, etwas länger als die Höhe des Glases, und binden es in die Mitte eines Zahnstochers. Schieben Sie den Docht in das Glas und legen Sie den Zahnstocher quer auf die Öffnung.
Wenn das Wachs schön geschmolzen ist, geben Sie einige Tropfen Duftöl in den Beutel, mischen mit dem Plastiklöffel alles gut durch und gießen das Wachs sofort in das Glas.
Lassen Sie das Wachs langsam fester werden, bis die Kerze perfekt ist.
Kopieren Sie ein Etikett von Seite 287, schneiden Sie es aus und kleben Sie es auf.

VORSICHT!

Geben Sie ein wenig Acht, denn bei brennender Kerze kann das Glas sehr heiß werden. Fassen Sie es also nur mit einem Tuch an, und stellen Sie es nicht auf hitzeempfindliche Flächen. Lassen Sie Kerzen generell nie unbeaufsichtigt brennen.

SCHMUCKBOARD

6 SCHMUCKSTEINE
1 HOLZBRETT 8 X 40 CM, 0,5 CM STARK
GRAUE FARBE
WEISSE FARBE
2 BILDERHAKEN
PINSEL, KLEBSTOFF

Schritt 1

Auf das Holzbrett zwei Schichten graue Farbe auftragen und nach jedem Auftrag trocknen lassen.

Schritt 2

Lockern Sie das Grau mit kleinen weißen Farbtröpfchen auf. Trocknen lassen.

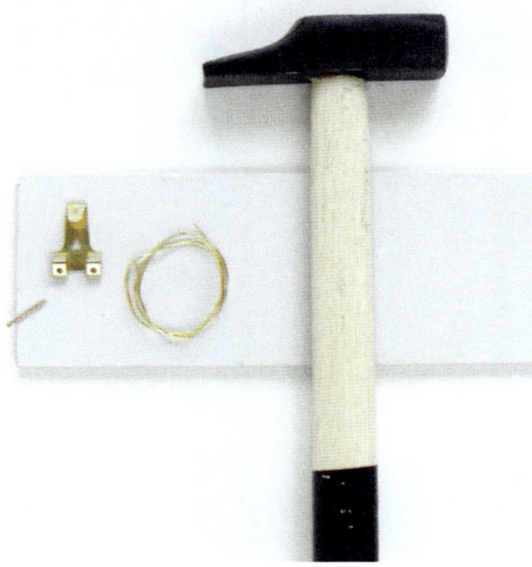

Schritt 3

Befestigen Sie die Bilderhaken auf der Rückseite des Bretts.

Schritt 4

Kleben Sie die Steine im Abstand von 3 cm nebeneinander mittig auf das Brett.

MOND ZUM VERNASCHEN

FÜR DAS BAISER
4 EIER
140 G KRISTALLZUCKER
140 G PUDERZUCKER
15 G SCHWARZE SESAM-PASTE

FÜR DIE MARONEN-MOUSSE
400 G MARONEN-PÜREE
500 G MARONEN-CREME
3 EL MILCH

FÜR DIE CREME
400 G CRÈME FRAÎCHE, SEHR KALT
100 G MASCARPONE
50 G KRISTALLZUCKER
2 TROPFEN VANILLE-EXTRAKT

Beginnen Sie mit dem Baiser, indem Sie die Eier trennen und das Eiweiß zu Eischnee schlagen. Lassen Sie dabei den Kristallzucker einrieseln und hören Sie erst auf zu schlagen, wenn das Eiweiß steif ist. Dann den gesiebten Puderzucker hinzugeben und vorsichtig unterheben, indem Sie immer von unten nach oben und in die gleiche Richtung rühren. Sobald der Puderzucker gut eingearbeitet ist, geben Sie die Hälfte der Baiser-Masse in einen Spritzbeutel mit runder Tülle. Den Backofen auf 100 ° C (Stufe 3–4) vorheizen. Spritzen Sie auf ein mit Backpapier ausgelegtes Backblech einen Kreis mit 21 cm Durchmesser. Dieser Baiser-Kreis ist der Boden. Legen Sie mit Alufolie eine runde feuerfeste Form mit 20 cm Durchmesser so aus, dass das Baiser eine leichte Kuppelform bekommt, die mindestens 5 cm dick ist. Die beiden Baisers zwischen 90 und 120 Minuten im Backofen trocknen lassen. Inzwischen bereiten Sie die Maronen-Mousse zu. Mischen Sie mit dem Rührgerät die Maronencreme und das Maronenpüree und geben Sie etwas Milch zu, damit die Masse cremig wird. Kalt stellen.
Wenn die Baisers fertig sind, nehmen Sie beide aus dem Ofen, lassen sie abkühlen und heben das eine vorsichtig aus der Schalenform, indem Sie die Alufolie nach und nach vom Baiser lösen. Verteilen Sie mit einem Pinsel wahllos sehr wenig schwarze Sesampaste auf dem Baiser, etwa in kleinen Kreisen oder Tupfen, aber keinesfalls zu viel, damit das Baiser nicht erweicht. Lassen Sie die Paste 10 Minuten im Ofen bei 100 °C (Stufe 3–4) trocknen. Dann die Creme zubereiten. Schlagen Sie die Crème fraîche mit dem elektrischen Mixer auf. Wenn sie schön gestiegen ist, geben Sie Mascarpone, Zucker und Vanille zu. Eine halbe Stunde kalt stellen.
Für das Zusammensetzen legen Sie die Baiser-Kuppel wieder in die Form, um sie zu füllen. Zuerst die Creme, dann die Maronen-Mousse einfügen, gut verteilen, den Baiser-Boden darauf setzen, auf diesen eine Kuchenplatte legen und das Ganze langsam umdrehen. Die Form abheben, und der Mond ist fertig! Er darf vor dem Servieren noch für kurze Zeit im Kühlschrank stehen.

◆◇◇ | ◆◇◇ | ◆◇◇

DIAMANTEN AUS SEIFE

1 GROSSE PARFÜMIERTE NATURSEIFE
SCHARFES MESSER

Um eine hübsche Seife in der Form eines kleinen Edelsteins zu erhalten, schneiden Sie ein Stück Naturseife ab und schnitzen es vorsichtig mit dem Messer, bis seine äußere Gestalt und Struktur einem Juwel ähnelt. Sie können durch Schrägschnitte auf den Außenflächen Facetten erzeugen, Ecken abrunden oder anspitzen – kurzum, die Seife so gestalten, wie Sie sich einen Schmuckstein vorstellen.
Fertig! Ob Sie aus einem großen Seifenstück mehrere kleine oder nur einen großen Diamanten schnitzen, bleibt Ihnen überlassen. In jedem Fall ergibt Ihr Werk hübsch verpackt ein optisch kostbares Geschenk oder Mitbringsel.

LEDER-STEIN-ARMBAND

1 MESSINGSPREIZDÜBEL, 8 MM Ø (WIE FISCHER 09051)
1 LEDERBAND CA. 17 X 1 CM
(LÄNGE RICHTET SICH NACH UMFANG DES HANDGELENKS)
1 GOLDFARBENER ARMBANDVERSCHLUSS + CLIP
MESSINGDRAHT, 10 CM LANG
4 QUARZSTEINE
2 SEHR KLEINE STEINCHEN
EXTREM-KLEBER (EXTRAFORTE), CUTTER, ZANGE

Ziehen Sie das Lederband durch den Messingdübel und befestigen Sie einen Clip und einen Verschluss an seinen Enden. Schieben Sie das Stück Messingdraht in den Dübel und kleben Sie beidseitig daneben die Steine mit extrastarkem Klebstoff auf das Band. Kürzen Sie zum Schluss den Messingdraht ein wenig, damit er genau mit dem letzten Stein abschließt.

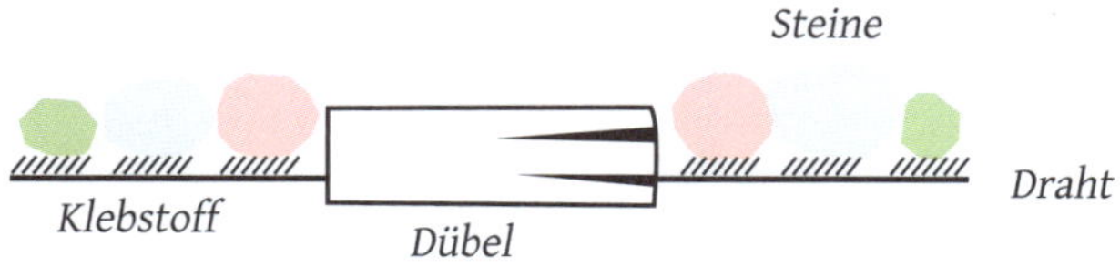

WERKSTOFF

PFLANZEN

Sie wollten schon immer Ihrem Hang zum Grünen nachkommen? Hätten gerne ein Mini-Gewächshaus, Blumenschmuck fürs Haar oder einen aus Pflanzen gewebten Wandteppich? Dann sind Sie jetzt im richtigen Kapitel! Blumen, Gewächse, Botanisches jeder Art: Wir zeigen Ihnen, wie Sie mit Pflanzen Ihr Zuhause verschönern. Sie haben keinen grünen Daumen? Das macht nichts, denn Stoffblumen haben in diesem Kapitel auch ihren Platz. Vergessen Sie die künstlichen Sträuße, die als Staubfänger in den Regalen unserer Großmütter prangten. Heute finden Sie Blumen aus sehr feinem, edlem Gewebe, die echten Blumen überraschend ähnlich sehen. Ein guter Kompromiss für immergrüne und nie verblühende Eigenkreationen!

S. 141

S. 144

S. 146

S. 148

S. 152

S. 142

S. 146

S. 148

S. 148

S. 148

S. 146

S. 140

S. 152

S. 140

Blumen und Blüten aus Stoff oder Seide
Farne
bunt gemischte Trockenblumen
Klemme
Messingdraht
Sukkulenten
Ast- oder Blumenschere
Blumen-steckschaum

WERKZEUG UND MATERIAL

WOHNDEKO & EINRICHTUNG

◆◇◇ | ◆◇◇ | ◆◇◇

BLUMENLAMPION

FRISCHE ODER STOFFBLUMEN
1 PAPIERLAMPION
SELBSTKLEBENDES WEISSES BLUMENBAND
MESSINGDRAHT, 1 MM Ø
SCHERE, NYLONFADEN

Biegen Sie den Messingdraht zu einem Ring, den Sie über den Lampion legen können, ohne dass er abgleitet, und fügen Sie die Enden mit einem Stück Klebeband aneinander. Die Blumen vorbereiten und dabei die Stängel auf 6 cm Länge zurückschneiden. Befestigen Sie dann die Blumen abwechselnd nach Art und Farbe mit Klebeband auf dem Messingring. Wenn der Ring vollständig mit Blumen bedeckt ist, legen Sie ihn vorsichtig auf den Lampion. Mit dem Nylonfaden können Sie den Lampion aufhängen.

SCHLEMMEREIEN & REZEPTE

◆◆◇ | ◆◇◇ | ◆◇◇

BLUMENSCHOKOLADE

300 G WEISSE SCHOKOLADEN-CHIPS
BLÜTENBLÄTTER VON ESSBAREN BLUMEN
GIESSFORM FÜR SCHOKOLADETAFELN, KOCHTOPF
+ KLEINERER TOPF (FÜR WASSERBAD), HOLZLÖFFEL

Wasser im größeren Topf zum Kochen bringen. Die Schokoladen-Chips (verwenden Sie hochwertige Schokolade, sie schmilzt viel besser) in den kleinen Topf geben und diesen vorsichtig auf den Topf mit dem kochendem Wasser setzen. Die weiße Schokolade langsam schmelzen lassen und dabei mit dem Holzlöffel umrühren.
Bedecken Sie den Boden der Schokoladenform mit kleinen Blütenblättern. Sind sie zu groß, schneiden Sie die Blüten in kleine Teile, da man sonst die Rippen der Schokolade schlecht brechen kann. Gießen Sie die flüssige weiße Schokolade in die Form und stellen Sie diese für mehrere Stunden in den Kühlschrank. Aus der Form nehmen und vernaschen!

◆◆◇ | ◆◇◇ | ◆◇◇

BLUMENBILDER

BUNT GEMISCHTE TROCKENBLUMEN
VIERKANTLEISTEN AUS BALSAHOLZ, 2 X 15 CM UND 2 X 10 CM
2 PLEXIGLASPLATTEN, 10 X 15 CM
CUTTER, KLEBSTOFF, PINZETTE,
HEISSKLEBEPISTOLE

Kleben Sie eine kurze Holzleiste zwischen zwei lange. Ordnen Sie mit der Pinzette auf einer flach liegenden Plexiglasplatte die getrockneten Blüten an und legen Sie dann die zweite Plexiglasplatte exakt über die erste. Tragen Sie Heißkleber auf die Innenkanten der verbundenen Leisten auf und schieben Sie die beiden Plexiglasplatten in den Rahmen. Zum Schluss kleben Sie das letzte Stück Balsaholz an, um den Rahmen zu schließen.

SCHMUCK & ACCESSOIRES

◆◇◇ | ◆◇◇ | ◆◇◇

HAARSCHMUCK

VERSCHIEDENE TROCKENBLUMEN
STECKKAMM, KLEBSTOFF, SCHERE

TIPP

Nehmen Sie Blumen wie Hortensien, Craspedia (Trommelstock), Gipskraut (eine Nelkenart), Strandflieder oder Schafgarbe mit ihren vielen Farbschattierungen für eine raffinierte Komposition.

Schritt 1

Wählen Sie kleine Blumen und kürzen Sie die Stiele.

Schritt 2

Kleben Sie zuerst die kleinen Blumen in wechselnden Farben und Formen auf den dicken Teil des Kamms und befestigen Sie dann die größeren Blüten darüber.

Schritt 3

Kaschieren Sie abschließend die Übergänge mit ein paar kleineren Blüten, die Sie am oberen Rand der Kammzähne einkleben. Gut trocknen lassen.

SOCIÉTÉ
SAVONS

Schritt 1

Schritt 2

Schritt 3

PFLANZEN-WEBEREI

GRÄSER UND ZWEIGE
DIVERSE GETROCKNETE BLUMEN MIT STIEL
1 SPULE BAUMWOLL- ODER KETTGARN ALS KETTFADEN
1 KNÄUEL DICKE WOLLE
1 ROLLE DICKE SCHNUR
HANDWEBSTUHL, KAMM, SCHERE

Spannen Sie zuerst den Kettfaden auf den Webstuhl (siehe Seite 288). Beginnen Sie dann mit Gräsern und Zweigen zu weben. Sie verwenden die gleiche Technik wie beim Weben mit Wolle, verdichten jedoch das Gewebe mit dem Kamm nicht zu sehr.
Stellen Sie verschiedene Webmuster her, indem Sie abwechselnd Pflanzen, Blüten etc. einarbeiten. Sie können auch in der Mitte ein Dreieck aus getrockneten Blüten kreieren. Dazu verfahren Sie wie beim Dreieck aus Wolle für den Webteppich (siehe Seite 106).
Beenden Sie das Arbeit mit zwei Reihen Wollweberei. Abschließend schneiden Sie 30 cm lange Fäden aus Wolle und dicker Schnur und knüpfen diese abwechselnd in die erste Reihe.

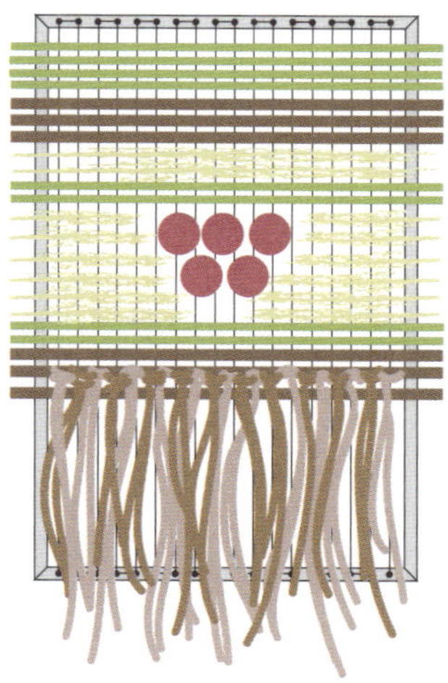

SCHMUCK & ACCESSOIRES

◆◆◆ | ◆◆◇ | ◆◆◇

BLUMENKRANZ

1 GROSSER STRAUSS FRISCHER BLUMEN
MESSINGDRAHT, 1 MM Ø
SELBSTKLEBENDES GRÜNES BLUMENBAND
SCHERE

Schritt 1

Biegen Sie den Messingdraht zu einem Ring in Kranzgröße. Schneiden Sie die Blütenstiele auf 6 cm zurück und machen Sie kleine Sträuße aus 5 oder 6 Blumen, darunter mindestens eine große Blüte.

Schritt 2

Fangen Sie an, die kleinen Sträuße nacheinander auf dem Ring anzuordnen.

Schritt 3

Die Blumensträuße gut aneinander drücken und mit dem Blumenband auf dem Messingring festkleben. Dann die Stiele etwas zurückschneiden.

Schritt 4

Prüfen Sie, ob alle Sträuße sicher auf dem Ring befestigt sind. Soll der Blumenkranz länger halten, verwenden Sie am besten gut getrocknete Blüten.

◆◆◇ | ◆◇◇ | ◆◆◆

BLUMENSCHRIFT

4 KARTONBUCHSTABEN, 20 CM HOCH
10 SEIDENBLUMEN MIT STIEL UND BLÄTTERN
BLUMENSTECKSCHAUM
CUTTER, SCHERE,
HEISSKLEBEPISTOLE

Schritt 1

Schneiden Sie die Oberseite eines Buchstaben mit dem Cutter ab.

Schritt 2

Anschließend schneiden Sie den Blumensteckschaum mit dem Cutter in Rechtecke.

Schritt 3

Entfernen Sie die Stützstücke im Buchstaben und legen Sie den zugeschnittenen Steckschaum ein.

Schritt 4

Lösen Sie die Blüten und Blätter von den Stielen.

Schritt 5

Beginnen Sie in einer Ecke und stecken Sie die Blätter und Blüten in den Schaum. Sollten die Stiele zu kurz sein, nehmen Sie Klebstoff zu Hilfe.

Schritt 6

Arbeiten Sie mit wechselnden Farben und Blütenarten weiter, bis der Buchstabe vollständig gefüllt ist. Verfahren Sie mit den anderen Buchstaben genauso.

Schritt 7

Sobald Sie mit sämtlichen Buchstaben fertig sind, überprüfen Sie am besten alle auf kleine Lücken und Löcher zwischen den Blumen, um diese bei Bedarf mit Blüten zu füllen.

Schritt 8

Zum Schluss kippen Sie jeden Buchstaben um sicherzugehen, dass alle Blüten gut halten.

◆◇◇ | ◆◇◇ | ◆◇◇

TRAUMFÄNGER AUS PFLANZEN

1 RUNDER STICKRAHMEN
1 EPIPHYT (AUFSITZERPFLANZE) ODER EINE PFLANZE MIT LUFTWURZELN
15 WOLLFÄDEN IN GOLD ODER WEISS, 45 CM LANG
3 ODER 4 GOLDENE PERLEN MIT EINEM NICHT ZU GROSSEN LOCH
STUMPFE WOLLNADEL, KLEBSTOFF

Nehmen Sie einen Wollfaden doppelt, legen Sie die Schlaufe um den Stickrahmen, holen Sie die Fadenenden durch die Schlaufe (siehe Seite 114) und ziehen Sie beide fest an.
Die übrigen Wollfäden in gleicher Weise möglichst dicht nebeneinander in den Ring knüpfen. Achten Sie darauf, dass die Knoten immer in gleicher Richtung liegen.
Fädeln Sie mithilfe der Wollnadel die Perlen auf beliebige Wollfäden und ziehen Sie sie unterschiedlich weit hoch. Bei Wolle halten die Perlen auch ohne Knoten, wenn das Loch in der Perle nicht zu groß ist.
Befestigen Sie die Pflanze mit einem Tropfen Klebstoff mittig über den hängenden Wollfäden auf dem Stickrahmen.

TIPP

Besprühen Sie die Pflanze ein- oder zweimal pro Woche mit entkalktem Wasser, damit sie grün bleibt.

WERKSTOFF

STOFF

Keine Sorge, Sie können die Mehrzahl der Kreationen in diesem Kapitel auch ohne Nähmaschine anfertigen! Einige Nadelstiche von Hand genügen meist. Es kommen aber auch verschiedene andere Techniken auf Sie zu – wie Stoffe bekleben und bemalen oder Leder, Filz und Gittervinyl verarbeiten –, die Sie unbedingt ausprobieren sollten, damit Sie Ihre Kleidung oder Accessoires in den Farben und mit den Stoffarten Ihrer Wahl individuell gestalten können.

S. 168

S. 164

S. 168

S. 161

S. 166

S. 164

S. 160

S. 162

S. 162-168

S. 162

S. 168

S. 174

S. 175

S. 172

S. 168

S. 160

S. 161

naturfarbene Stofftasche
Schere
Blütenstempel
Seide
bedruckter Stoff
Textilfarbe
Wollfilz

WERKZEUG UND MATERIAL

PLANUNG & ORGANISATION

◆◆◇ | ◆◆◇ | ◆◇◇

HANDYSOCKE FÜR SMARTPHONE

STOFF MIT PRINTMUSTER, 20 X 22 CM
50 CM GOLDFARBENES TEXTILBAND
FARBLICH PASSENDES NÄHGARN
NÄHNADEL, SICHERHEITSNADEL, STECKNADELN

Wenn Sie eine Maschine haben, nähen Sie auf der Rückseite des Stoffs im Zickzackstich rund um die Kante, damit sie nicht ausfranst. Falten Sie das Stoffrechteck in der Mitte rechts auf rechts und schließen Sie die untere Kante und die Seitennaht. Dann legen Sie für einen Tunnelzug den Stoff an der Oberkante 1,5 cm um, nähen den Umschlag knappkantig ab und lassen dabei eine Öffnung. Wenden Sie die Hülle auf rechts, und ziehen Sie mit der Sicherheitsnadel das Stoffband durch den Tunnelzug. Machen Sie einen Knoten an jedem Ende des Bandes, damit es nicht in den Tunnelzug rutscht.

TIPP

Mit etwas Sprühstärke vor dem Bügeln können Sie den Stoff der Handysocke verstärken und widerstandsfähiger machen.

SCHMUCK & ACCESSOIRES

◆◇◇ | ◆◇◇ | ◆◇◇

FILZ-HALSKETTEN

10 X 10 CM WOLLFILZ IN 4 FARBEN
1 KETTE MIT VERSCHLUSS (FÜR EINE HALSKETTE)
1 GOLDFARBENE LÄNGLICHE PERLE
3 GOLDFARBENE RUNDE PERLEN
FARBLICH PASSENDES NÄHGARN
NADEL, SCHERE, KLEBSTOFF

Runder Anhänger
Aus 2 verschieden farbigen Filzstücken 2 Kreise mit je 4 cm Durchmesser ausschneiden, aufeinanderlegen und in der Mitte mit Geradstichen zusammennähen, um Halbkreise abzugrenzen. Nun die beiden Halbkreise jedes Filzkreises zusammenklappen, Kette zwischen einen der beiden Doppel-Halbkreise legen und beide zusammenkleben. Die lange Perle mit etwas Klebstoff auf der Naht zwischen den Halbkreisen befestigen.

Dreifarbiger Anhänger
3 verschieden farbige 4-cm-Filzkreise ausschneiden und je auf Hälfte falten. Die Halbkreise überlappend aufeinanderlegen und jeweils eine Perle am unteren Halbkreisrand aufnähen, wodurch die Filzstücke gleichzeitig fixiert werden. Zum Schluss die Kette durch den oberen Halbkreis ziehen.

◆◆◇ | ◆◇◇ | ◆◇◇

WIMPEL-GIRLANDE

EINFARBIG BLAUER STOFF, 80 X 15 CM
EINFARBIG GRAUER STOFF, 70 X 15 CM
5 M SCHNUR
GOLDENE FARBE
KLEBSTOFF, SCHERE, STECKNADELN, RUNDER PINSEL

Die Wimpel-Vorlage von Seite 286 auf 200 % vergrößern, ausschneiden und als Schablone auf dem Stoff feststecken, um insgesamt 6 blaue und 5 graue Formen zuzuschneiden. Diese je auf Hälfte zu Dreiecken falten und mit dem Pinsel kleine goldene Tupfen auf die Wimpel malen. Dann falten Sie einen Wimpel wieder auf, geben etwas Klebstoff in den Falz und legen ihn mittig über die Schnur. Geben Sie ein wenig Kleber auf die Kanten und den inneren Mittenbereich einer Wimpelhälfte und legen Sie die andere Hälfte auf, um den Wimpel zu verkleben. Auf diese Weise im Abstand von je 20 cm die übrigen Wimpel hinzufügen. Trocknen lassen und fertig ist die Girlande!

WOLKEN-KISSEN

STOFF MIT PRINTMUSTER, 30 X 40 CM
FARBLICH PASSENDES NÄHGARN
FÜLLMATERIAL
NADEL, SCHERE, STECKNADELN

Schritt 1

Kopieren Sie die Vorlage von Seite 282 und schneiden Sie die Form entlang der Außenkontur aus. Auf dem Stoff feststecken und diesen in Wolkenform zuschneiden. Fertigen Sie in gleicher Weise eine zweite Wolke an.

Schritt 2

Legen Sie die beiden Stoffwolken rechts auf rechts und nähen Sie die Teile mit kleinen festen Stichen und 1 cm Kantenabstand bis auf eine Öffnung an der Unterkante zusammen. Wenden Sie das Kissen und geben Sie reichlich Füllmaterial hinein, damit die Wolkenform gut sichtbar wird.

Schritt 3

Schließen Sie die Öffnung und klopfen Sie das Kissen auf einem Tisch fest auf, damit sich die Füllung perfekt verteilt.

Schritt 1

Schritt 2

Schritt 3

◆◆◇ | ◆◆◇ | ◆◆◇

NOTIZBUCHHÜLLE AUS LEDER

1 NOTIZBUCH, 10,5 X 14,5 CM
1 RECHTECK AUS LEDER, 29 X 14,5 CM
4 GOLDFARBENE METALLECKEN
1 DRUCKKNOPF
SCHERE, KLEBSTOFF, LINEAL

Das aufgeschlagene Notizbuch auf die linke Seite des Lederrechtecks legen, die Form mithilfe eines Lineals aufzeichnen und dabei an einer Seite für die Klappe 8 cm zugeben.
Schneiden Sie das Leder sorgfältig zu, kleben Sie es ordentlich über die Außenseiten des Notizbuchs und lassen Sie die 8 cm breite Zugabe überstehen. Trocknen lassen.
Geben Sie in die 4 Metallecken je einen Tropfen Klebstoff und schieben Sie sie vorsichtig über die Ecken des Ledereinschlags.
Trocknen lassen.
Kleben Sie einen Teil des Druckknopfs mittig und 1 cm von der Außenkante entfernt auf die Innenseite der Klappe und das Gegenstück von der Höhe her passend auf den Einband.

◆◇◇ | ◆◆◇ | ◆◆◆

KLEINE BEHÄLTER AUS GITTERVINYL

LOCH-VINYL (LACKIERTE LEINWAND, SIEHE S. 317)
WEISSES BAUMWOLLSTICKGARN
FILZSTIFTE IN BLAU UND GELB
NADEL, LINEAL, SCHERE

Schritt 1

Schneiden Sie ein Rechteck von 30 x 80 cm aus dem Loch-Vinyl.

Schritt 2

Falten Sie die lange Seite des Rechtecks in der Mitte rechts auf rechts zusammen und schließen Sie beidseitig die kurzen Seitennähte.

Schritt 3

Die Form leicht öffnen und mit einer Hand den Boden und eine Seite stark drücken, bis die Ecke nach außen klappt und eine Spitze bildet. Etwa 4 cm vor der Spitze eine senkrechte Naht setzen und auf der anderen Seite genauso vorgehen.

Schritt 4

Den Behälter wenden und das Loch-Vinyl an der Oberkante nach außen umschlagen. Abschließend können Sie noch mit Filzstiften oder Farbe Muster aufmalen.

◆◆◇ | ◆◆◇ | ◆◇◇

RELAX-KISSEN

FARBIG GETÜPFELTER STOFF (SIEHE SEITE 100), 20 X 28 CM
WEISSER STOFF, 20 X 28 CM
FÜLLMATERIAL
4 KNÖPFE ZUM ÜBERZIEHEN
FARBLICH PASSENDES NÄHGARN
SEHR FESTER LEINENFADEN ODER ZWIRN
LINEAL, SCHERE, NADEL, STECKNADELN

TIPP

Wenn Sie Ihr Kissen waschen wollen, sollten Sie bereits beim Färben der Korbschnur (Seite 100) Textilfarben verwenden. In der Regel brauchen Sie den Stoff dann nur zu bügeln, um die Farbe zu fixieren.

Schritt 1

Schneiden Sie aus dem beim Bemalen der Schnur (Seite 100) als Schutztuch benutzten getüpfelten und dem weißen Stoff je ein Rechteck in Größe des Kissens aus.

Schritt 2

Um die Knöpfe zu beziehen, schneiden Sie je 2 Kreise aus den Resten des getüpfelten und des weißen Stoffs aus.

Schritt 3

Überziehen Sie die Knöpfe mit Stoff, wie in der dem Knopf-Set beiliegenden Anleitung beschrieben.

Schritt 4

Legen Sie die beiden Stoffrechtecke rechts auf rechts aufeinander und stecken Sie sie mit Stecknadeln fest.

Schritt 5

Nähen Sie die Kissenhülle mit 1 cm Kantenabstand von Hand oder mit der Maschine rundherum zusammen und lassen Sie an einer Seite eine Öffnung.

Schritt 6

Die Kissenhülle auf rechts wenden und die Ecken gut ausformen.

Schritt 7

Das Füllmaterial zuerst in die Ecken der Hülle geben und dann eine gute Menge nachschieben, damit das Kissen schön prall wird.

Schritt 8

Die Öffnung an der Seitennaht von Hand schließen.

Schritt 9

Befestigen Sie einen bunten Knopf mit 8,5 cm Abstand zur Unter- und 7 cm Abstand zur Seitenkante auf der weißen Seite des Kissens.

Schritt 10

Fädeln Sie den festen Zwirn in die Nadel ein, stechen Sie mit der Nadel durch das Kissen hindurch und ziehen Sie sie auf der anderen Seite wieder heraus. Dann führen Sie die Nadel durch die Öse des weiß bezogenen Knopfs, ziehen den Faden mit ganzer Kraft fest, wickeln ihn mehrfach um den Knopf und machen zum Schluss einen festen Knoten. Die beiden anderen Knöpfe in gleicher Weise anbringen.

BLICKFANG

TOTE BAG MIT GEO-MUSTER

1 EINFARBIGE TOTE BAG (STOFFTRAGETASCHE)
GLITTERBÜGELFOLIE IN TÜRKIS
LÄNGLICHE PERLEN IN GOLD
FLÜSSIGE GOLDENE TEXTILFARBE
SCHALE, BLEISTIFT, SCHERE,
MASKING TAPE, PINSEL,
1 STÜCK KARTON, TEXTILKLEBER

Schritt 1

Um die Schale oder mit dem Zirkel einen Kreis auf die Bügelfolie zeichnen und entlang der Konturen ausschneiden.

Schritt 2

Definieren Sie auf der Stofftasche mit Klebeband faltenfrei ein Dreieck und malen Sie es mit Goldfarbe aus, nachdem Sie den Karton als Schutz in die Tasche gelegt haben.

Schritt 3

Nach dem Trocknen fixieren Sie die Farbe durch Bügeln. Ziehen Sie die Schutzfolie auf der Rückseite des türkisen Kreises ab, legen Sie ihn über dem unteren Dreieck an und bügeln Sie ihn fest.

Schritt 4

Zum Schluss kleben Sie die Perlen in einem beliebigen Muster mit dem Textilkleber auf die Tasche.

◆◆◇ | ◆◆◇ | ◆◇◇

SEIDENBLUMEN

WEISSE SEIDE
BLÜTENSTEMPEL
AQUARELLFARBEN
FARBLICH PASSENDES NÄHGARN
PINSEL, SCHERE, NADEL

Die weiße Seide nach Vorlage von Seite 288–289 zuschneiden. Nähgarn in die Nadel fädeln, einen Knoten ins Fadenende machen und mit großen Stichen im weißen Rand des Schnittteils unterhalb der Blütenblätter eine Heftnaht setzen. Ziehen Sie behutsam am Faden, damit sich die Blütenblätter kräuseln, und schieben Sie den unteren Teil der Blütenstempel in der Mitte ein, bevor Sie die Blütenblätter ganz schließen und die Blüte mit einem festen Knoten sichern. Auf die Innenseiten der Blütenblätter ein wenig Aquarellfarbe auftragen. Trocknen lassen. Fertigen Sie weitere Blüten in anderen Farben und Größen an.

◆◇◇ | ◆◇◇ | ◆◇◇

T-SHIRT IM GLITZERLOOK

1 T-SHIRT
GLITTER-BÜGELFOLIE IN GOLD
TRANSPARENTPAPIER
SCHERE

Die Vorlage von Seite 290-291 kopieren oder mit Transparentpapier abpausen und ausschneiden. Schablone auf die Rückseite der Bügelfolie legen und die Kragenform aus der Folie ausschneiden. Den Kragen auf der Vorderseite des T-Shirts positionieren und bei mittlerer Temperatureinstellung aufbügeln (Herstellerangaben beachten). Der goldene Kragen ist nun fest mit dem T-Shirt „verschmolzen".

TIPP

Wenn Sie möchten, können Sie Ihre gesamte Garderobe mit Goldakzenten aufpeppen, indem Sie kleine Goldformen zum Beispiel auf Rückenteile, Ärmel usw. von T-Shirts, Jacken oder Blusen aufbringen.

WERKSTOFF

PAPIER

Papier ist nicht einfach ein weißes Blatt, auf dem man schreibt. Hier stellen wir Ihnen verschiedene Papiere vor, die manchmal nicht einmal wie solche aussehen, sondern wie im Fall der Tablet-Tasche optisch echtem Leder ähneln. Der Werkstoff Papier, der auf den ersten Blick zart und fragil erscheinen mag, kann letztlich sehr fest und kräftig, andererseits aber auch geschmeidig und biegbar sein, sodass er sich an alle Formen anpassen lässt, während er seine Zartheit und Leichtigkeit beibehält.

S. 182

S. 188

S. 182

S. 184

S. 186

S. 193

S. 192

S. 188

S. 182

S. 192

S. 193

S. 184

S. 188

Tonzeichen-
papier
Messing-
stangen
Schnur
marmoriertes
Papier
Schere
Motivstanzer

WERKZEUG UND MATERIAL

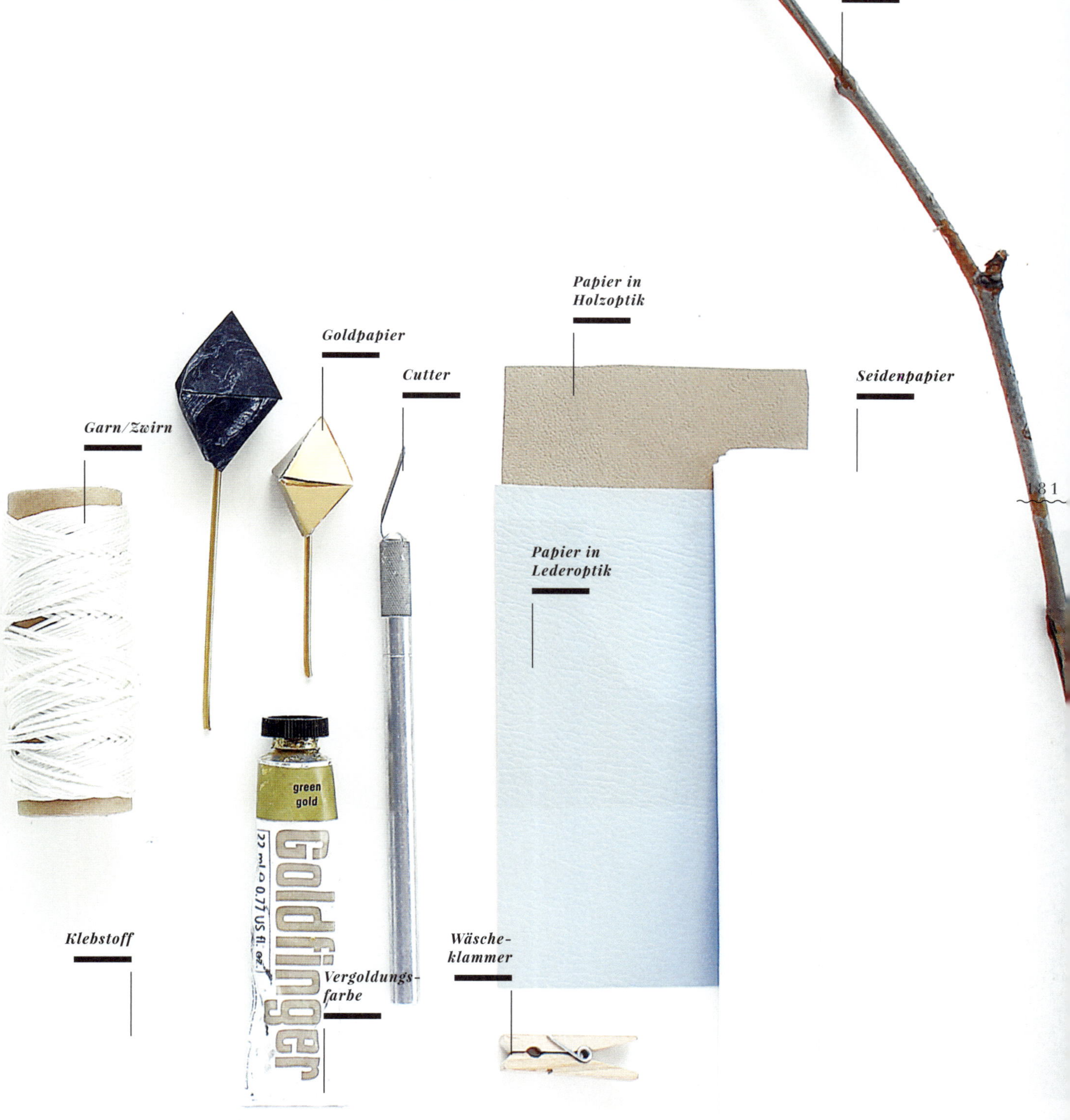

All you need is Love

WANDDEKORATION

TONZEICHENPAPIER, A4, IN 7 VERSCHIEDENEN FARBEN
1 BLATT TONZEICHENPAPIER IN MANDELGRÜN
12 KLEINE POMPONS
2 X 100 CM SCHNUR
2 MINI-WÄSCHEKLAMMERN
SCHERE, BLEISTIFT, KLEBSTOFF

Fotokopieren Sie die Vorlagen für die Blumen und Blätter (siehe Seite 292) und schneiden Sie die Formen entlang ihrer Konturen aus. Übertragen Sie die Umrisse der Blätter auf grünes, die der Blüten auf andersfarbiges Papier und schneiden Sie alles aus. Für eine Girlande von 40 cm Länge benötigen Sie etwa 30 Blüten- und zwei Blattformen. Geben Sie einen Tropfen Klebstoff auf die Kante einer Wäscheklammer und legen Sie ein Ende der Schnur darüber. Befestigen Sie das andere Schnurende in gleicher Weise an der zweiten Wäscheklammer.
Kleben Sie die Blumen nacheinander an die Schnur, indem Sie mit den Blättern beginnen und dann die Blumen in beliebig wechselnden Formen und Farben hinzufügen.
Kleben Sie in einige Blumen die kleinen Pompons als Blütenmitte. Klemmen Sie hübsche Spruchkarten, Einladungen oder wichtige Termine, die Sie nicht versäumen möchten, in die Wäscheklammern und hängen Sie Ihre Blumenkette an die Wand.

TIPP

Es gibt zahlreiche Stanzformen für Blumen in unterschiedlichen Größen, die Sie hier gerne nutzen können.

SPIEL & SPASS

POMPON-MOBILE

SEIDENPAPIER IN UNTERSCHIEDLICHEN FARBEN
1 AST, ZWIRN, GOLDENE FARBE,
PINSEL, SCHERE

TIPP

Fertigen Sie in gleicher Art und Weise mehrere Pompons an … Je mehr es davon gibt, desto besser wirken sie.

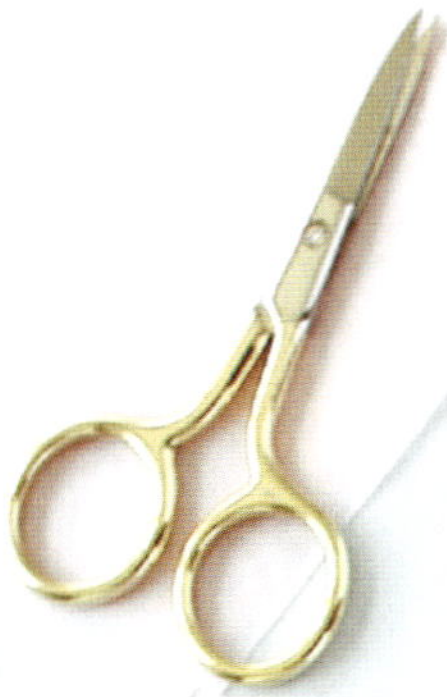

Schritt 1

Schneiden Sie das Seidenpapier in 30 x 15 cm große Streifen, falten Sie einen Streifen mittig auf Hälfte und schneiden Sie unten im Abstand von 1 cm 12 cm lange Fransen ein.

Schritt 2

Das Seidenpapier wieder auffalten und in der Mitte fest verdrehen.

Schritt 3

Das Seidenpapier wieder auf Hälfte falten und an der Faltung mehrmals fest verdrehen. Mit dem Pinsel auf einige Fransen Goldfarbe auftragen. Faden durch die Schlaufe des verdrehten Teils führen und den Pompon an den Ast hängen.

POSTERHÄNGER

1 PLAKAT
HOLZPLATTE AUS EICHE
1 M SCHNUR
KLEBSTOFF, SÄGE, SCHERE

Schritt 1

Aus der Holzplatte vier Latten aussägen, deren Länge der Breite des Plakats entspricht.

Schritt 2

Die erste Latte auf die Oberkante der Plakat-Vorderseite kleben und auf die Latten-Rückseite Klebstoff auftragen.

Schritt 3

Auf jeder Seite der mit Kleber bestrichenen Latten-Rückseite ein Schnurende platzieren, eine zweite Latte auflegen und fest andrücken, damit sie gut haftet.

Schritt 4

An der Unterkante des Plakats in gleicher Weise 2 Holzlatten aufkleben, jedoch ohne Schnur. Trocknen lassen.

BLICKFANG

◆◆◇ | ◆◇◇ | ◆◇◇

DIAMANTEN UNTER VERSCHLUSS

1 GLASGLOCKE
1 STÜCK SCHAUMKARTON, A4
1 BLATT KORKTONPAPIER
JE 1 A4-BLATT TONZEICHENPAPIER
IN GOLD UND ROSA
1 A4-BLATT MARMORIERTES PAPIER IN BLAU
1 MESSINGSTAB
SCHERE, BLEISTIFT, LINEAL,
KLEBSTOFF, ZANGE

Schritt 1

Kleben Sie das Korktonpapier auf den Schaumkarton. Stellen Sie die Glasglocke darauf und zeichnen Sie den Umriss nach.

Schritt 2

Den Kreisumriss mit der Schere ausschneiden. (Nehmen Sie lieber die Schere, der Cutter könnte das Papier ausreißen.)

Schritt 3

Die drei Vorlagen von Seite 293 kopieren und ausschneiden.

Schritt 4

Zunächst eine der Schablonen auf ein Blatt Papier legen und entlang der Umrisse ausschneiden.

Schritt 5

Die Schablone auf dem Papier lassen und das Papier entlang der Linien falten.

Schritt 6

Entfernen Sie die Schablone und kleben Sie die Laschen an die entsprechenden Seiten, um einen Diamanten zu formen.

Schritt 7

Die letzten 4 Schritte mit den anderen Schablonen und anderen Papieren wiederholen.

Schritt 8

Den Messingstab in unterschiedlich lange Stücke teilen und vorsichtig in die Papierdiamanten stecken. Eventuell müssen Sie dazu mit der Schere ein kleines Loch in die Spitze des Diamanten stechen.

Schritt 9

Abschließend stecken Sie die Messingstäbe in das Korktonpapier und den darunter liegenden Schaumkarton und bedecken Ihr Werk mit der Glasglocke.

WANDSCHMUCK AUS SPITZE

1 A4-BLATT WEISSES TONZEICHENPAPIER
1 A4-BLATT BLAUES TONZEICHENPAPIER
1 BLATT TRANSPARENTPAPIER
6 STÜCKE SCHAUMKARTON, 0,5 X 1 CM
KLEBSTOFF, BLEISITFT, CUTTER,
SCHNEIDEMATTE

Das farbige Papier auf das weiße kleben. Die Vorlage von Seite 294 auf das Transparentpapier abpausen, anschließend auf das weiße Papier übertragen und mit dem Cutter das grau gekennzeichnete Muster ausschneiden. Das ist zwar eine aufwendige Arbeit, aber das Ergebnis belohnt Sie. Damit das Spitzenmuster später etwas Abstand zur Wand erhält, fügen Sie zum Schluss an den Rändern 6 Stück Hartschaum unter die Spitze und befestigen den Schmuck an der Wand.

TASCHE FÜR DAS TABLET

CANVAS/LEINWAND ODER GROBE BAUMWOLLE, 44 X 32 CM
PAPIER IN LEDEROPTIK, 44 X 32 CM
8 STREIFEN, PAPIER IN LEDEROPTIK, JE 6 X 44 CM
NÄHMASCHINE, KLEBSTOFF, SCHERE

Den Stoff auf Hälfte falten und zwei Seiten des Rechtecks zu einer Tasche zusammennähen. Sie können auch eine bereits vorhandene Tasche verwenden.
Schneiden Sie nach der Vorlage (siehe Seite 295) die Unterkante der Papierstreifen zu, um Fischschuppen zu formen. Nähen oder kleben Sie die Streifen von unten beginnend auf das Papier in Lederoptik. Dann falten Sie das Rechteck zur Hälfte und kleben es auf die auf die Canvas-Tasche.

WERKSTOFF

GLAS

Auf den ersten Blick scheint Glas als Werkstoff eine echte Herausforderung zu sein, doch die Mühe lohnt sich! Obwohl kaum Kosten anfallen, da viele Projekte dieses Kapitels aus recycelten Objekten entstehen, werden Sie sich garantiert über spektakuläre Ergebnisse freuen. Sie lernen verschiedene Techniken und erfahren, wie Sie dieses edle Material bearbeiten und zum Beispiel Gläser färben, Rahmen für Spiegel anfertigen, Glühbirnen in Vasen umwandeln oder aus gewöhnlichen Gläsern echte Glaskunst-Kreationen machen können. Und diese Herausforderung erwartet Sie jetzt.

S. 200

S. 202

S. 204

S. 212

S. 210

S. 215

S. 210

S. 214

S. 201

S. 204

S. 206

S. 200

S. 212

S. 202

Duralex-Schälchen
Glasglocke
(Acryl-, Glas-) Malfarbe
Seifen-spender
Marmeladen- und sonstige Gläser
Lackleim
Glühbirne
Farbpulver

WERKZEUG UND MATERIAL

◆◇◇ | ◆◇◇ | ◆◇◇

SCHÄLCHEN IM KERAMIKSTIL

ROSA SPRÜHFARBE
DURALEX-SCHÄLCHEN (EXTREM STABILES GLAS)
MATTLACK, PINSEL

Schützen Sie die Arbeitsfläche und besprühen Sie die Schälchen aus etwa 20 cm Abstand mit dem Farbspray. Lassen Sie die Farbe gut trocknen, bevor Sie die andere Seite besprühen. Falls nötig, sprühen Sie eine zweite Farbschicht darüber, lassen alles gut trocknen und tragen abschließend eine Schicht Mattlack auf. Aber Vorsicht, diese Schalen können Sie nicht für Lebensmittel nutzen.

TIPP

Nehmen Sie Objekte aus Duralex oder normalem Glas mit einem gut gearbeiteten Relief an der Außenseite, um eine schöne Wirkung zu erzielen.

WELLNESS

◆◇◇ | ◆◆◇ | ◆◇◇

SEIFENSPENDER

1 GLASBEHÄLTER MIT DECKEL
1 SEIFENSPENDERPUMPE
(ERSATZPUMPE FÜR SEIFENSPENDER)
BOHRER, METERMASS

Nehmen Sie die Seifenspenderpumpe auseinander und messen Sie den Durchmesser des Rohrs. Bohren Sie ein Loch in dieser Größe in die Deckelmitte des Glasbehälters und schieben Sie das Rohr so durch, dass die Pumpe gut auf dem Deckel steht. Den Deckel auf das Glas setzen und … das war's schon!

BUNTE BEHÄLTER

GLÄSER VERSCHIEDENER ARTEN UND GRÖSSEN (MARMELADEN-, SENF-, GEMÜSEGLÄSER USW.)
VERSCHIEDENE (ACRYL-, GLAS-)MALFARBEN
GOLDSPRÜHFARBE, MATTLACK, PINSEL

Die Gläser spülen, Etiketten entfernen und dann auf alle Außenseiten Farbe auftragen. Trocknen lassen und eine zweite Farbschicht auftragen. Die Deckel mit Goldfarbe besprühen und ebenfalls gut trocknen lassen.

TIPP

Wenn Sie auch farbige Innenwände haben möchten, gießen Sie einfach etwas Farbe in die Gläser und schwenken sie leicht hin und her, bis die Farbe alles perfekt bedeckt. Dann sind die Behälter zwar nicht mehr für Wasser geeignet, aber ideal, um darin Stifte und Krimskrams zu verstauen.

FARBIGE GLÄSER

MARMELADEN- UND SONSTIGE GLÄSER
LEBENSMITTELFARBE IN PULVERFORM
LACKLEIM, PINSEL,
PLASTIKLÖFFEL, KÜCHENPAPIER

Schritt 1

Spülen Sie die Gläser und entfernen Sie die Etiketten (sie lassen sich ganz leicht abziehen, wenn Sie die Gläser für ein paar Minuten in heißes Wasser legen). Danach gut abtrocknen.

Schritt 2

Geben Sie Lackleim in ein Glas, bis der Boden bedeckt ist, und fügen Sie etwas Lebensmittelfarbpulver hinzu. Vermischen Sie alles mit dem Plastiklöffel und verteilen Sie die Farbe auf den Innenflächen, indem Sie das Glas in alle Richtungen drehen.

Schritt 3

Stellen Sie das umgedrehte Glas auf ein Küchenpapier und lassen Sie es mindestens 24 Stunden trocknen.

SPIEGELRAUTE

1 SPIEGEL-QUADRAT, 30 CM SEITENLÄNGE
2 MESSINGLEISTEN, 100 CM LANG UND 0,2 STARK
1 MESSINGBLECH, 1 MM STARK
METALLSÄGE, SCHERE, KLEBSTOFF
TRANSPARENTPAPIER, BLEISTIFT, FILZSTIFT

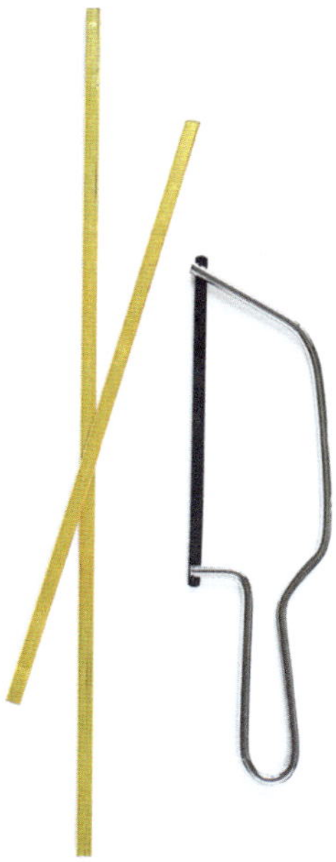

Schritt 1

Mit der Säge die Messingleisten in 4 je 30 und 2 je 15 cm lange Stücke teilen. Die Enden abschrägen.

Schritt 2

Die 4 großen Stücke auf die Außenkanten des Spiegels kleben.

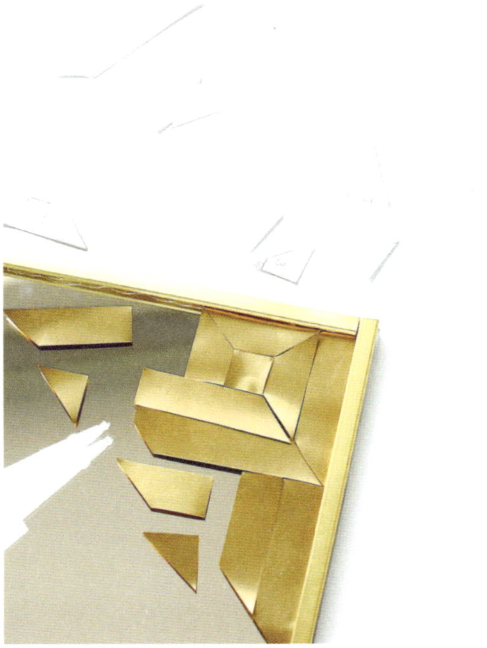

Schritt 3

Die Vorlage von Seite 283 abpausen, auf das Messingblech übertragen, die Formen ausschneiden und zunächst in einer Ecke auf den Spiegel kleben.

Schritt 4

Mit der anderen Ecke genauso verfahren und als Abschluss bei beiden Ecken je 1 kurze Messingleiste aufkleben, um die Ränder der Collage zu kaschieren.

GLÜHBIRNEN-VASEN

1 GROSSE ALTE GLÜHBIRNE MIT GEWINDESOCKEL
1 GOLDFARBENE BEILEGSCHEIBE
1 MESSING- ODER KUPFERHÜLSE, 12 MM Ø
LUFTPOLSTERFOLIE ODER TUCH
FEINE BAUM- ODER BONSAISCHERE, ZANGE
SCHRAUBENZIEHER, KLEBSTOFF

Schritt 1

Glühbirne zum Schutz vor Glassplittern mit Luftpolsterfolie oder einem Tuch umwickeln.

Schritt 2

Den Fußkontakt (die kleine silberne Spitze) am Gewindesockel mit der Baumschere fassen und leicht drehend herausziehen.

Schritt 3

Mit der Zange das schwarze um die Spitze (den Fußkontakt) gelegene Glas zerbrechen.

Schritt 4

Den ersten Innenteil aus der Birne holen (evtl. im Freien, da minimal Gas austreten könnte). Dann den Schraubenzieher ins Loch schieben und durch leichtes Drehen das Glas des zweiten Innenteils zerbrechen.

Schritt 5

Alle Innenteile der Glühbirne ganz vorsichtig herausschütteln oder stochernd entfernen, ohne den Glaskolben zu beschädigen. Die Reste sicher entsorgen.

Schritt 6

Biegen Sie mit der Zange die Öffnung am Gewindesockel ein wenig auf, damit Sie die Hülse gut aufstecken können.

Schritt 7

Die Hülse schön mittig in den Gewindesockel stecken. Sie sollte an sich von selbst halten, falls dies nicht der Fall ist, helfen Sie mit etwas Klebstoff nach.

Schritt 8

Damit die Glühbirne einen stabilen Stand bekommt, kleben Sie die Beilegscheibe akkurat auf die Mitte der Glaskolbenwölbung. Am besten sehen Sie es, wenn Sie vor dem Kleben die Birne mit Wasser befüllt auf die Scheibe stellen.

GLASGLOCKE MIT GOLDRAND

1 GLASGLOCKE
GOLDSPRÜHFARBE

Schritt 1

Reinigen Sie die Glasglocke von innen und außen mit Glasreiniger.

Schritt 2

Schützen Sie Ihre Arbeitsfläche mit einer alten Zeitung oder mit Karton und stellen Sie die Glasglocke darauf.

Schritt 3

Besprühen Sie mit etwa 20 cm Abstand zur Glocke die untere Partie vorsichtig mit dem Goldspray. Tragen Sie ganz unten ein- oder zweimal mehr Farbe auf, damit dieser Teil dunkler wird.

Schritt 4

Weiter oben tragen Sie nur eine Schicht auf und erhöhen den Sprühabstand zur Glocke auf 30 cm oder mehr, damit die Farbe zarter wirkt. Trocknen lassen.

Schritt 1

Schritt 2

Schritt 3

WOHNDEKO & EINRICHTUNG

NOSTALGISCHER SPIEGEL

20 GROSSE PLASTIKLÖFFEL (ESSLÖFFEL)
20 KLEINE PLASTIKLÖFFEL (KAFFEELÖFFEL)
1 RUNDER SPIEGEL, 14 CM Ø
1 HOLZPLATTE ALS UNTERGRUND, 22 CM Ø
GOLDSPRÜHFARBE
HEISSKLEBEPISTOLE

Legen Sie die Esslöffel dicht nebeneinander, jedoch ohne Überlappung der gewölbten Teile, rund um den Rand der Holzplatte und kleben Sie alle fest. Kürzen Sie die Stiele einfach, falls sie sich störend überlagern. Als zweite Schicht legen Sie die kleinen Löffel versetzt über die großen und kürzen die Stiele ebenfalls, wenn sie sich zu stark überlappen. Die Untergrundfläche muss eben sein.
Besprühen Sie die Löffelwölbungen mit Goldfarbe. Trocknen lassen.
Kleben Sie den Spiegel in die Mitte und hängen Sie Ihr Werk an die Wand.

◆◇◇ | ◆◇◇ | ◆◆◇

PLANTARIEN

GLASSCHMUCKKÄSTCHEN (VINTAGE)
BLUMEN- ODER GARTENERDE
SEEKIEFERNRINDE ODER ANDERE DUNKLE RINDE
SUKKULENTEN (FETTPFLANZEN), EPIPHYTEN (AUFSITZERPFLANZEN) ODER AEROPHYTEN (PFLANZEN MIT LUFTWURZELN)

Geben Sie eine große Handvoll Erde in ein Glasschmuckkästchen und fügen Sie etwas Seekiefernrinde oder andere Rinde in einer schönen dunklen Farbe hinzu. Nehmen Sie eine Sukkulente oder einen Epiphyt als Pflanze oder eben eine, die nicht in der Erde stecken muss und die Sie obenauf setzen können. Es genügt, wenn Sie diese etwa zweimal die Woche mit ein wenig Wasser besprühen. Wenn Sie möchten, können Sie anstatt der Rinde auch etwas Moos einlegen.

WOHNDEKO & EINRICHTUNG

◆◆◇ | ◆◆◇ | ◆◇◇

RATTANSPIEGEL

1 RUNDER SPIEGEL
1 ROLLE PEDDIGROHR (RATTAN), 2 MM Ø
SCHERE, KLEBEBAND, HEISSKLEBEPISTOLE

Schneiden Sie von der Rattan-Rolle 30 je 20 cm lange Stücke ab. Legen Sie das erste zur U-Form und befestigen Sie die Enden mit Heißkleber auf dem Spiegel. Formen Sie ein zweites U-Stück, kleben Sie es so auf, dass es die erste U-Schleife überlappt, und rahmen Sie auf diese Weise mit allen anderen Rattanstücken den Spiegel. Nun schneiden Sie 3 sehr lange Rattanfäden von der Rolle, kleben sie an einem Ende mit Klebeband fest zusammen auf die Arbeitsfläche und verflechten sie zu einem mindestens 2 m langen Zopf. Dann formen Sie mit Heißkleber einen Kranz auf dem Spiegel, legen darauf den Zopf in einer Runde so um den Spiegel, dass er den Ansatz der Rattanschleifen kaschiert, und kleben ihn unter starkem Aufdrücken fest. Fixieren Sie so Runde für Runde von außen nach innen auch den restlichen Zopf, was dank der Biegsamkeit des Peddigrohrs (hierzulande meist Rattan genannt) kein Problem sein dürfte.

WERKSTOFF

LICHT

Genau genommen ist Licht kein Material, aber es gehört dennoch unbedingt in dieses Buch. Die kreativen Möglichkeiten mit Licht sind schier unendlich und es eignet sich perfekt für die Welt der Dekoration. Kerzen, Glühbirnen, Leuchtschilder, Neon- und LED-Lampen … die Bandbreite ist riesengroß! Heutzutage gibt es mehr und mehr sehr schöne LED-Leuchtmittel, die sich zum Verwirklichen von Dekorationsideen geradezu anbieten, weil sie nicht heiß werden. Sie können sie also gefahrlos mit den unterschiedlichsten Materialen verbauen.

S. 228

S. 226

S. 222

S. 226

S. 236

S. 230

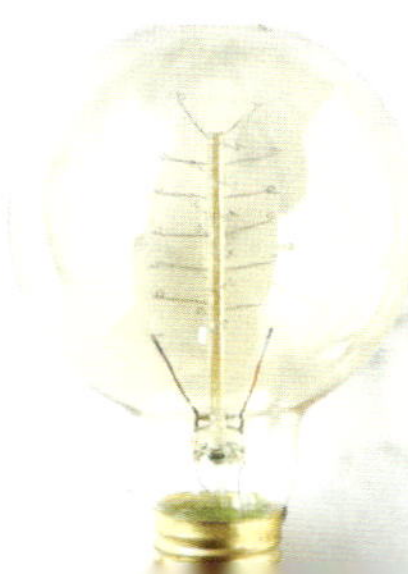

S. 223

S. 223

S. 224

S. 230

S. 236

S. 234

S. 222

S. 228

S. 223

S. 224

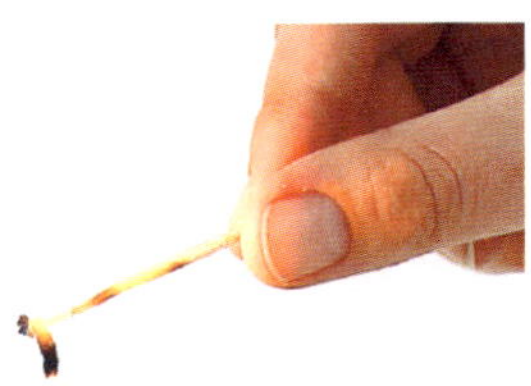

S. 238

Zange
Kerzen
Stecker
Steckverbinder
Flasche
Klebeband
Holzblock
Lampenfassung
mit Kabel und
Stecker
Bohrer

WERKZEUG UND MATERIAL

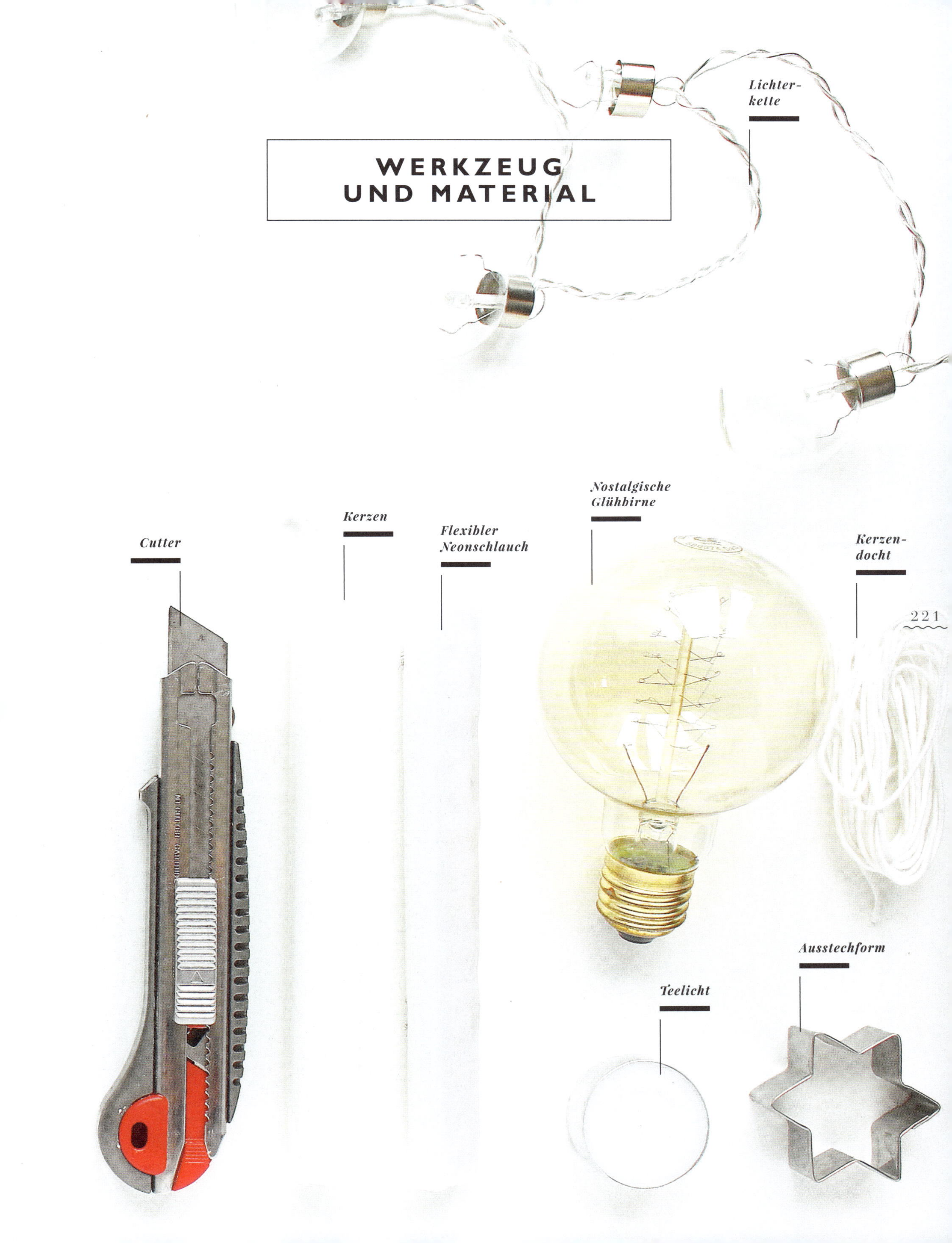

BELEUCHTUNG

◆◆◇ | ◆◆◆ | ◆◆◇

FLASCHENLAMPE

HÜBSCHE FLASCHE MIT KORKEN, TISCHLAMPENANSCHLUSS-SET MIT KABEL, FASSUNG UND GLÜHBIRNE
BOHRMASCHINE, BOHRER FÜR DICKES GLAS,
HOLZBOHRER, SCHRAUBSTOCK

Spannen Sie die Flasche gerade liegend in den Schraubstock und durchbohren Sie mit dem Glasbohrer die Hinterwand knapp über dem Flaschenboden. Zum mittigen Durchbohren des Korkens verwenden Sie den Holzbohrer. Dann nehmen Sie das Kabel aus dem Lampenanschluss-Set, führen es von unten nach oben durch die Flasche und fädeln es durch das Loch im Korken wieder aus. Montieren Sie Fassung und Kabel nach Anleitung und schrauben Sie die Glühbirne ein.

VORSICHT!

Strom ist sehr gefährlich. Legen Sie bitte nicht selbst Hand an, sondern lassen Sie auch kleine Montagen nur vom Fachmann ausführen. Selbst das vermeintlich harmlose Anschließen ist ohne Fachkenntnis lebensgefährlich und Laien hierzulande auch nicht erlaubt. Kaufen Sie nur hier erhältliche Sets mit Anleitung.

BLICKFANG

◆◆◇ | ◆◆◇ | ◆◇◇

MILCHSTRASSENLICHT

LEINWAND AUF KEILRAHMEN 60 X 25 CM (O. Ä. MASS)
LICHTERKETTE MIT 20 WARMWEISSEN LEDS
DUNKELBLAUE MALFARBE (ACRYL)
BLASSGELBE MALFARBE (ACRYL)
SCHERE, PINSEL, KLEBEBAND

Mit dem Pinsel auf die gesamte Leinwand und die Ränder Dunkelblau auftragen und trocknen lassen. Dann den Pinsel in Hellgelb und in Wasser tauchen und die dunkelblaue Fläche durch Schnipsen der Pinselhaare mit Gelb besprenkeln. Trocknen lassen. Mit der Scherenspitze kleine Löcher in die Leinwand schneiden und die LEDs vorsichtig von hinten nur so weit durchdrücken, dass ein kleines Stück der Birne auf der Vorderseite durchkommt. Die Lichterkette mit kleinen Klebebandstücken auf der Bildrückseite befestigen.

◆◇◇ | ◆◆◇ | ◆◇◇

TISCHKERZEN-BLOCK

1 EICHENHOLZKLOTZ, 10 X 20 CM
3 LANGE WEISSE KERZEN
BOHRMASCHINE MIT HOLZBOHRER IM KERZEN-DURCHMESSER,
BLEISTIFT, SCHRAUBSTOCK

Spannen Sie das Holzstück in den Schraubstock, damit es beim Bohren nicht verrutschen kann. Stellen Sie die Kerzen schön mittig auf die lange Schmalseite des Holzstücks und markieren Sie die Positionen. Bohren Sie 3 ungefähr 5 cm tiefe Löcher und setzen Sie die Kerzen ein.

TIPP

Damit die Kerzen perfekt halten, tropfen Sie vor dem Einsetzen ein wenig Wachs in die Löcher. Das Wachs verschmilzt mit den Kerzen und wirkt beim Abkühlen wie Kleber.

SCHWIMMKERZEN

KERZENWACHS IN PULVERFORM
KERZENFARBEN (ZUM FÄRBEN VON WACHS)
VERSCHIEDENE AUSSTECHFÖRMCHEN
KOCHBBEUTEL ODER TOPF FÜR DAS WACHSSCHELZEN IM WASSERBAD
KERZENDOCHT, KLEINE FLACHE SCHALE, KLEINES PFÄNNCHEN,
GUMMI, SCHERE, ZAHNSTOCHER, ALUFOLIE

Schritt 1

Geben Sie das Kerzenwachs in den Kochbeutel, schließen Sie ihn mit einem Gummi, legen Sie ihn in den Topf mit Wasser und lassen Sie das Wachs bei mittlerer Hitze darin vollständig schmelzen. Färben Sie das Wachs solange es noch flüssig ist mit den Farben Ihrer Wahl.

Schritt 2

Schneiden Sie den Docht in Stücke, die länger als die Formen hoch sind, und binden Sie jeweils einen Docht in die Mitte eines Zahnstochers. Dann die Zahnstocher mit den Dochten über die Ausstechformen legen.

Schritt 3

Ist das Wachs gut geschmolzen, nehmen Sie es aus dem Wasserbad und warten ein paar Sekunden, damit es etwas eindickt. Dann schützen Sie die Arbeitsfläche mit Papier oder Alufolie, stellen die Formen auf, gießen das Wachs vorsichtig ein und lassen es etwas fester werden. Abschließend nehmen Sie die Kerzen aus den Formen und legen sie in eine Schale mit Wasser ... sie schwimmen!

Schritt 1

BELEUCHTUNG

TISCHLAMPE AUS HOLZ

1 LAMPENFUSS AUS HOLZ
1 NOSTALGISCHE GLÜHBIRNE,
1 LAMPENFASSUNG MIT KABEL UND SCHALTER
METALLSÄGE, KLEBSTOFF

Kürzen Sie mit der Säge die Schraube des Lampenfußes auf die Hälfte. Montieren Sie darauf die Lampenfassung mit Kabel und Schalter und kleben Sie die Fassung fest. Die Glühbirne eindrehen ... und schon ist die hübsche Tischlampe fertig! Ganz einfach, oder?

Schritt 2

Schritt 3

TIPP

Die ganze Wirkung der Lampe steht und fällt mit dem Lampenfuß und der Glühbirne. Wählen Sie daher einen Tischlampenfuß aus schönem, edlen Holz, der weder zu klein noch zu groß ist. Eine perfekt passende und hübsche Nostalgie-Glühbirne finden Sie in Shops für DIY oder Vintage-Dekorationsartikel.

WOHNDEKO & EINRICHTUNG

SPIEGEL FÜR STARS

1 HOLZPLATTE ALS UNTERGRUND, 22 CM Ø
1 RUNDER SPIEGEL, 18 CM Ø
1 LICHTERKETTE MIT 20 LED-GLÜHBIRNEN
GOLDSPRÜHFARBE
BOHRMASCHINE MIT HOLZBOHRER, 3 CM Ø,
BLEISTIFT, KLEBSTOFF

Schritt 1

Den Spiegel auf die Holzplatte legen und seinen Umriss als Begrenzung für den Leuchtrand aufzeichnen. Dann rundherum in den Rand 20 Löcher im selben Abstand für die LEDs bohren.

Schritt 2

Anschließend den Rand mit Goldfarbe besprühen, trocknen lassen und eine zweite Farbschicht aufsprühen.

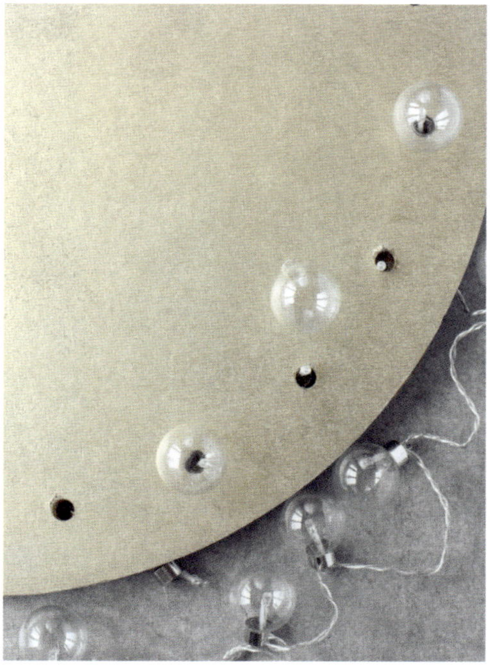

Schritt 3

Zuerst die Birnen abziehen, dann die LEDs von hinten nach vorne durch die Löcher der Holzplatte bringen und die Birnen wieder aufstecken.

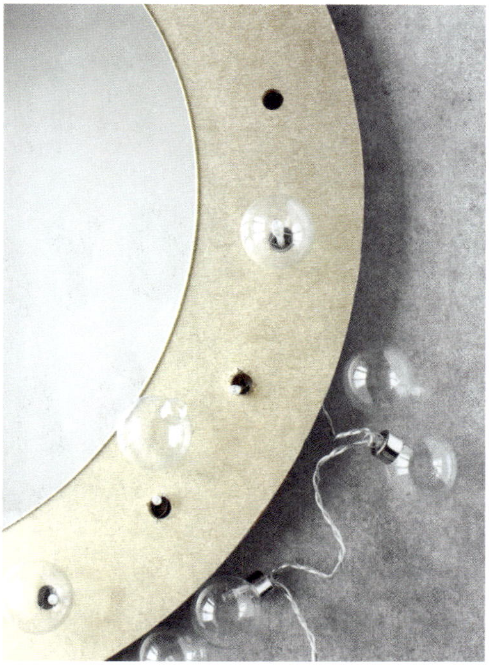

Schritt 4

Zum Schluss kleben Sie in der Mitte den Spiegel auf die Trägerplatte. Geschafft!

LEUCHTKASTEN

GEBRAUCHTE WEINKISTE MIT 2 OFFENEN EINGRIFFEN
1 LED-STREIFEN MIT 15 LICHTERN UND EINEM SCHALTER
1 PLEXIGLASPLATTE
SCHWARZE FARBE
1 WEISSE PLASTIKLATTE
2 SCHWARZE PLASTIKWINKELLEISTEN
KUGELSCHREIBER, PINSEL, METALLSÄGE
FEINKÖRNIGES GLASPAPIER
KLEBEBAND, CUTTER, LINEAL (METERSTAB)
KLEBSTOFF

TIPP

Sie können auch selbstklebende Buchstaben verwenden!

Schritt 1

Legen Sie die Plexiglasplatte auf die Weinkiste.

Schritt 2

Übertragen Sie mit dem Kugelschreiber den Umriss der Holzkiste auf das Plexiglas.

Schritt 3

Schneiden Sie das Plexiglas an der Kontur mehrmals ein, legen Sie es auf den Tisch und brechen Sie es über die Kante.

Schritt 4

Verlegen Sie den LED-Streifen in der Kiste so, dass das Kabel mit dem Schalter durch den Griff nach außen geht. Befestigen Sie den Lichtstreifen mit ein paar Klebebandstücken in der Kiste.

Schritt 5

Kleben Sie das Plexiglas auf die Kiste.

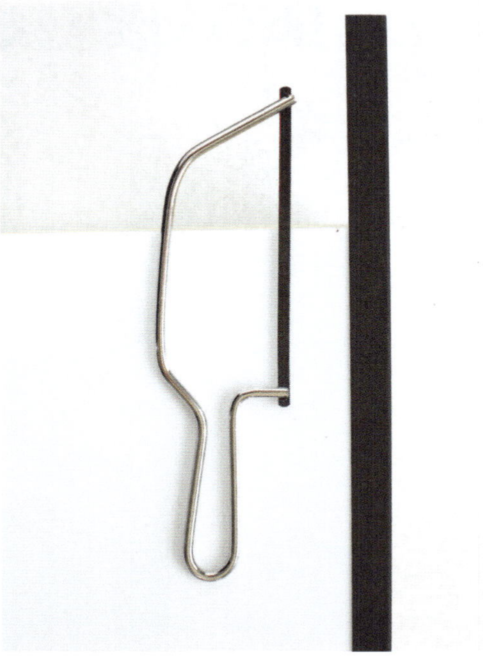

Schritt 6

Schneiden Sie die beiden Winkelleisten auf Kastenlänge.

Schritt 7

Kleben Sie die Winkelleisten auf die Kiste.

Schritt 8

Schneiden Sie von der Plastiklatte 2 Stücke in Kastenlänge ab. Teilen Sie die Höhe der Kiste in 3 Teile und kleben Sie die Latten als Begrenzung fest.

Schritt 9

Nun fotokopieren Sie die Buchstaben (Seite 295–297) und schneiden sie aus, um eine Schablone anzufertigen.

Schritt 10

Legen Sie auf jede Latte die entsprechende Schablone und malen Sie Buchstabe für Buchstabe den Spruch auf.

NEONNACHTLICHT

1 WEISSER BIEGSAMER NEONSCHLAUCH, 1 M LANG
1 STECKVERBINDER
1 STECKER MIT KABEL
EXTRA STARKER ODER SILIKON-KLEBSTOFF

Schritt 1

Schneiden Sie die Schlauchenden mit dem Cutter jeweils in Höhe der Schnittmarken auf beiden Seiten 3 cm ein, um die Lichtdrähte freizulegen.

Schritt 2

Kleben Sie die beiden Schlauchenden zusammen, damit eine Kreisform entsteht.

Schritt 3

Schieben Sie einen Steckverbinder auf die beiden kleinen Drähte, die Sie zuvor freigelegt haben.

Schritt 4

Verbinden Sie Stecker und Einspeisekabel mit dem Steckverbinder.

Schritt 1

Schritt 2

Schritt 3

BLICKFANG

LEUCHTBUCHSTABEN IM RETRODESIGN

KARTONBUCHSTABEN
1 LICHTERKETTE MIT 9 ODER 10 GLÜHBIRNEN PRO BUCHSTABE
ROTE UND GELBE MALFARBE
SCHWAMM, KÜCHENROLLE
SCHERE, FLACHPINSEL, LINEAL ODER METERMASS
SÄGE, CUTTER, KLEBEBAND

Schneiden Sie die Oberseite eines Buchstabens mit dem Cutter ab.
Entfernen Sie die Stützstücke im Buchstaben.
Tragen Sie auf die Innen- und Außenfläche des Buchstabens Farbe auf – aber tun Sie nicht zuviel des Guten, denn wenn die Farbaufträge zu flüssig oder zu dick sind, kann sich der Karton verformen.
Tupfen Sie zusätzlich mit dem Schwamm ein ganz klein wenig Farbe auf und wischen Sie kurz bevor sie trocknet sanft mit einem Küchentuch darüber, um sie zu verschmelzen.
Definieren Sie die Stellen für die Lämpchen und bohren Sie Löcher mit dem Cutter. Setzen Sie die Birnchen ein und befestigen Sie die Kette mit ein paar Klebebandstreifen auf der Rückseite des Buchstabens.

Schritt 1

Schritt 2

Schritt 3

LICHTERKRANZ MIT SPITZE

1 LAMPENSCHIRMRING (METALLRING)
1 LICHTERKETTE MIT WARMWEISSEN LEDS
VERSCHIEDENE WEISSE PAPIERSPITZENDECKCHEN (TORTENSPITZE)
KLEINES STÜCK SCHNUR
WEISSES MASKING TAPE
SÄGE, CUTTER, KLEBEBAND.
KLEBSTOFF, SCHERE

Wickeln Sie die Lichterkette um den Lampenschirmring und achten Sie dabei auf eine gute Verteilung der LED-Lämpchen. Wenn Ihnen die Anordnung gefällt, befestigen Sie die Lichterkette mit dem weißen Maskierband.

Binden Sie die Schnur genau gegenüber vom Anfang der Lichterkette auf dem Ring fest.

Ordnen Sie die Papierdeckchen auf dem Lichterkranz möglichst abwechslungsreich an, damit die Komposition hübsch und lebhaft aussieht, und kleben Sie die Papierspitze dann fest.

Hängen Sie die Lichterkette mit dem Schnuraufhänger an einen Nagel in der Wand.

WERKSTOFF

MARMOR

Wenn Sie dieses Kapitel gelesen haben, werden Sie Marmor mit ganz anderen Augen sehen. Obwohl dieser Werkstoff auf den ersten Blick recht kalt und aufgrund seines hohen Preises nur einer Elite vorbehalten zu sein scheint, gibt es kaum einen besseren. Im Moment steht Marmor als Designelement wieder hoch im Kurs und wird oft für kleine Details bei topmodischen Stücken verwendet. In diesem Buch wurde der Schwerpunkt auf weißen und grauen Marmor gesetzt, der etwas nüchterner wirkt, aber Sie können mit Ihrer Fantasie spielen und Ihren eigenen Marmor ganz anders nuancieren. Jedenfalls finden Sie hier Tausende von Tipps (oder fast so viele), wie Sie mit nahezu jedem Medium preisgünstig und zu Hause „Marmor" machen können.

S. 259

S. 256

S. 246

S. 252

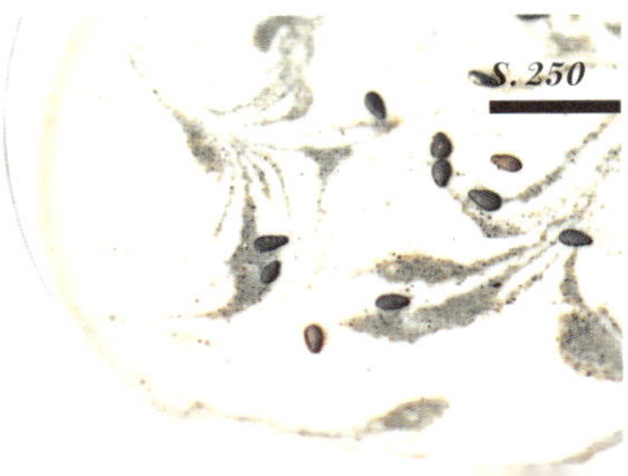

S. 250

S. 248

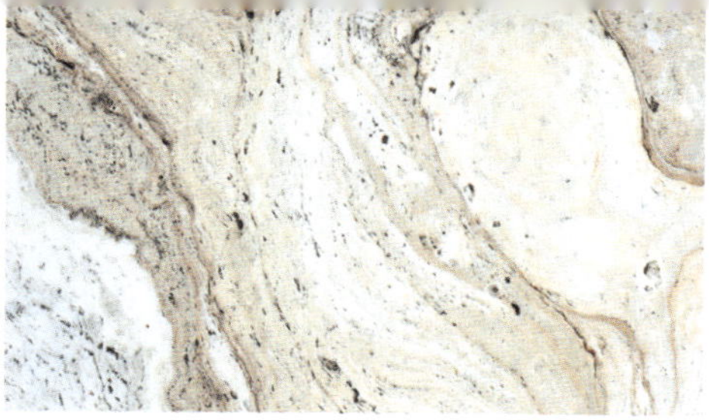

S. 254

S. 258

S. 259

S. 250

S. 247

S. 246

Lineal
Cutter
Holz- bzw. Schaschlikspieße
Fimo Modelliermasse, weiß
Fimo Modelliermasse, schwarz
Platte weiße Fimo-Modelliermasse
STAEDTLER
FIMO
EFFECT
Modelliermasse ofenhärtend
Modelling clay oven-hardening · Pâte à modeler à cuire au four
Pasta de modelar que se endurece en el horno
110°C
230°F
56 g (2 oz)
Pappschachteln in verschiedenen Größen
Selbstklebefolie in Marmoroptik

WERKZEUG UND MATERIAL

BLICKFANG

CHRISTBAUMKUGELN

2 PLATTEN WEISSE FIMO-MODELLIERMASSE
JE 1 X GRAUES UND SCHWARZES FIMO
1 KUGELKAPPE MIT ÖSE (FÜR EINE KUGEL)
20 CM GOLDFADEN ODER -KORDEL (FÜR EINE KUGEL)
NUDELHOLZ, HEISSKLEBEPISTOLE

Verkneten Sie weiße und graue Modelliermasse, um einen Marmoreffekt zu erzielen, fügen Sie einige kleine Streifen in Schwarz hinzu, formen Sie eine Kugel, verkneten Sie diese erneut und rollen Sie die Masse mit dem Nudelholz flach aus. Dann nehmen Sie den am schönsten marmorierten Teil nach außen, formen wieder eine Kugel und rollen sie zwischen den Händen, um sie zu glätten. Setzen Sie auf die große eine Mini-Kugel (für die Kappe) und härten Sie Ihre Kreation bei 110 °C etwa 30 Minuten lang in der Backröhre. Nach dem Abkühlen kleben Sie die Kugelkappe auf die Mini-Kugel, ziehen den Goldfaden durch die Öse und machen ihn mit einem Knoten zum Aufhänger.

ORDNUNG & AUFBEWAHRUNG

MARMOR-BUCHSTÜTZEN

1 HOLZWÜRFEL 15 X 15 CM
SELBSTKLEBEFOLIE IN MARMOROPTIK
DUNKELBLAUE MALFARBE (ACRYL)
SÄGE, SCHRAUBZWINGE, SCHERE

Fixieren Sie den Holzwürfel mit einer Schraubzwinge und sägen Sie ihn diagonal durch, um zwei Dreiecke zu erhalten (oder lassen Sie ihn gleich beim Kauf zusägen). Dann schneiden Sie zwei ausreichend große Stücke von der Klebefolie so zurecht, dass Sie die Buchstützen damit überziehen können. Lösen Sie das Rückseitenpapier der Folie beim Verkleben schrittweise ab, streichen Sie Blasen sofort aus, schneiden Sie an Ecken die Folie ein und bekleben Sie sämtliche Seiten des Holzdreiecks. Auf diese Weise überziehen Sie auch die zweite Buchstütze mit der Folie in Marmoroptik und ... Sie haben Marmor-Buchstützen!

BOXEN IM MARMORLOOK

3 PAPPSCHACHTELN IN VERSCHIEDENEN GRÖSSEN
SELBSTKLEBEFOLIE IN MARMOROPTIK
SCHERE

Suchen Sie schöne stabile Pappschachteln aus (die Klebefolie haftet auf Karton besonders gut). Überziehen Sie zuerst die Schachteln, dann die Deckel mit der Klebefolie und nehmen Sie sich die Zeit, alles sorgfältig zu machen und besonders auf die Ecken (Folie einschneiden!) und Kantenabschlüsse zu achten. Entfernen Sie beim Aufkleben vorsichtig und schrittweise das Rückseitenpapier der Klebefolie und vermeiden Sie durch stetiges Glattstreichen, dass sich Luftbläschen bilden (Sie können dafür ein Rakel oder eine Kreditkarte nehmen, um die Luft immer von der Mitte zum Rand hin auszustreichen).

MARMORIERTES PAPIER

SCHWARZE MARMORIERFARBE
ODER SCHWARZER NAGELLACK, MATT ODER GLÄNZEND
WEISSE MARMORIERFARBE
ODER WEISSER NAGELLACK, MATT ODER GLÄNZEND
1 BLATT PAPIER MIT SAUGFÄHIGER OBERFLÄCHE WIE
AQUARELL- ODER ZEICHENPAPIER (CANSON)
WANNE ODER SCHÜSSEL, HOLZSPIESS (SCHASCHLIKSPIESS)

Schritt 1

Geben Sie nacheinander einige Tropfen Marmorierfarbe oder Nagellack in eine große mit Wasser gefüllte Schüssel. Aber Vorsicht, nicht jede Farbe oder jeder Lack eignet sich für diese Technik! Um auf der sicheren Seite zu sein, nehmen Sie spezielle Marmorierfarbe oder einen Lack von guter Qualität.

Schritt 2

Bewegen Sie die auf dem Wasser schwimmende Farbe mit dem Holzspieß so, dass eine hübsche Marmorierung entsteht.

Schritt 3

Sobald Ihnen die Marmorierung gefällt, legen Sie ein Stück Zeichenpapier darauf: Die Marmorierung überträgt sich automatisch auf das Papier. Probieren Sie ruhig auch, größere Oberflächen und mit anderen Farben zu marmorieren!

Schritt 1

Schritt 2

Schritt 3

◆◇◇ | ◆◇◇ | ◆◇◇

BANANEN-MILCHSHAKE À LA MARMOR

1 EL SCHWARZE SESAMPASTE
250 ML KOKOSMILCH
2 BANANEN
200 ML KOKOSNUSSCREME
3 ODER 4 EISWÜRFEL
1 PRISE SCHWARZER SESAMSAMEN
ZAHNSTOCHER

Die Sesampaste mit ein wenig Kokosmilch leicht verdünnen, damit sie weich und glatt wird. Die Bananen in Scheiben schneiden. Dann Bananenscheiben, Kokosmilch, Kokosnusscreme und Eiswürfel in einen Mixer geben und gut durchmixen.
Gießen Sie den Milchshake in ein hohes Glas, geben Sie auf die Mitte der Milchoberfläche verdünnte Sesampaste und zeichnen Sie mit dem Zahnstocher Marmorierungen. Bestreuen Sie den Shake mit Sesamsamen und genießen Sie ihn.

TIPP

Für eine Megaschlemmervariante ersetzen Sie die Kokosnusscreme durch eine große Kugel Vanilleeis. Erfolg ist garantiert!

ANHÄNGER

2 X SCHWARZES FIMO
1 X WEISSES FIMO
30 CM LANGE GOLDKETTE MIT 1,5 CM Ø
1 VERSCHLUSS UND 2 SPALTRINGE
5 CM HOLZLEISTE, ROH
NUDELHOLZ, RUNDE AUSSTECHFORM MIT 5 CM Ø,
CUTTER, SCHRAUBZWINGE, HOLZSÄGE, STECHBEITEL,
BOHRMASCHINE UND 2-MM-BOHRER, KLEBSTOFF

MARMORIERTES FIMO ZUM ARBEITEN

Kneten Sie aus weißer und doppelter Menge schwarzer Fimo-Masse eine Kugel und rollen Sie diese mit dem Nudelholz aus, um die Farben zu vermischen. Falten Sie das ausgerollte Fimo wieder zusammen, fügen Sie wenn nötig mit dem Finger etwas Material hinzu und rollen Sie es dann wieder zu einer mindestens 5 mm dicken Platte aus.

Schritt 1

Stechen Sie mit der Form einen Kreis aus der Fimo-Platte, schneiden Sie ihn in zwei Hälften und härten Sie einen Halbkreis bei 110 °C 30 Minuten im Backofen.

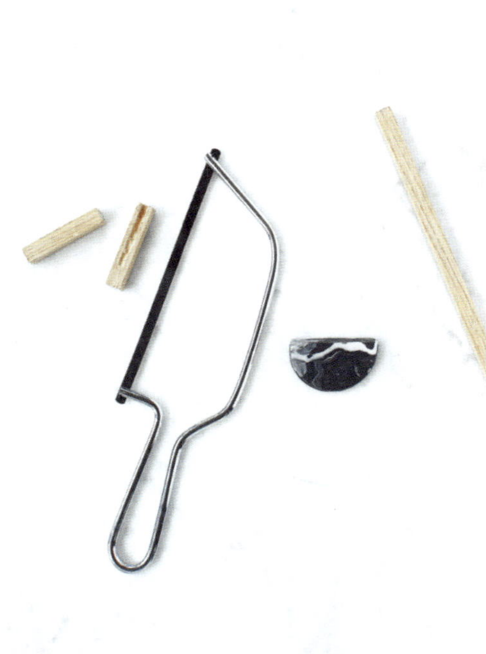

Schritt 2

Holzleiste mit der Schraubzwinge fixieren, auf einer Seite mittig über die ganze Länge eine Nut einsägen und diese dann mit dem Stechbeitel abspanen.

Schritt 3

An beiden Seiten in die Enden der Nut kleine Löcher bohren, die Kette in die Nut legen und ihre Enden durch die Löcher ausfädeln.

Schritt 4

Zum Schluss kleben Sie das Marmorstück in die Nut und montieren den Verschluss an die Enden der Kette. Fertig!

◆◆◇ | ◆◆◇ | ◆◆◇

WANDZEITUNGSHALTER

1 SPANPLATTE, 40 X 50 CM UND 6 MM DICK,
2 BÖGEN SELBSTKLEBEFOLIE IN MARMOROPTIK
2 TRAPEZFÖRMIGE LEDERSTÜCKE JE 25 X 12 X 1,2 CM
3 MESSINGSCHARNIERE MIT 12 SCHRAUBEN MIT JE 6 MM Ø
64 KLEINE GOLDFARBENE NÄGEL
SÄGE, METERMASS, SCHRAUBENZIEHER,
ALLESKLEBER, HAMMER, SCHERE

Schritt 1

Zersägen Sie die Spanplatte in 2 kleine Platten von je 40 x 25 cm (oder lassen Sie die Platte gleich beim Kauf zuschneiden).

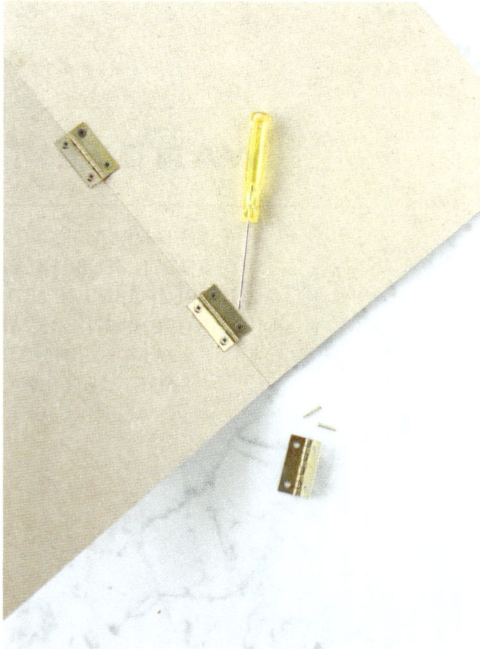

Schritt 2

Die beiden Platten flach und bündig aneinanderlegen, die 3 Scharniere entlang der Schnittkante auf den Innenseiten der Platten anschrauben.

Schritt 3

Innen- und Außenflächen der Platten mit der entsprechend zugeschnittenen Klebefolie überziehen, dabei die Scharniere auf der Innenseite aussparen.

Schritt 4

Beidseitig mit Alleskleber je ein Ledertrapez von innen auf die Platten kleben, trocknen lassen und mit Nägeln befestigen.

KLEINES NOTIZBUCH

1 A4-BLATT MARMORIERTES PAPIER (SIEHE SEITE 248)
10 A4-BLÄTTER WEISSES PAPIER
MASKING TAPE (GOLDFARBEN), 3 HEFTKLAMMERN,
GROSSE NÄHNADEL, SCHERE

Schritt 1

Das marmorierte Papier mit der auf Seite 248 beschriebenen Technik kreieren und nach dem Trocknen auf die Hälfte falten. Die weißen Blätter ebenso in der Mitte falten.

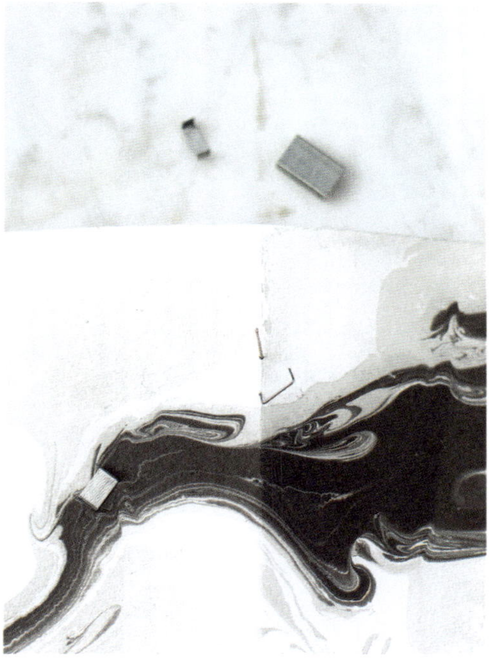

Schritt 2

Blätter auffalten, die weißen auf das marmorierte Blatt legen und den Stapel im Falz mit der Nadel durchbohren. Passend zum Einbringen der Heftklammer daneben ein zweites Loch stechen.

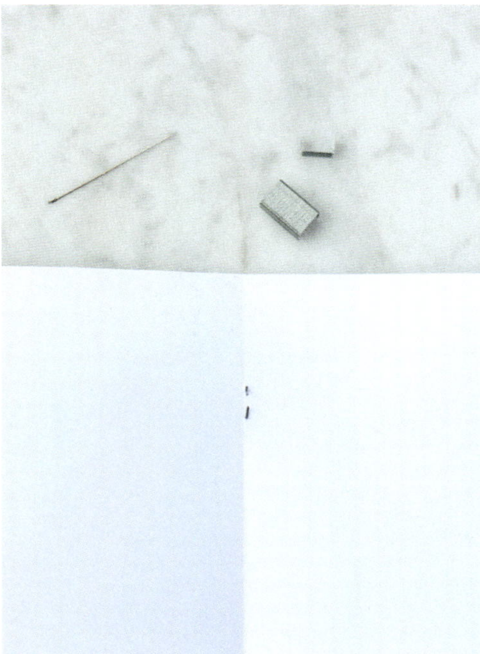

Schritt 3

Heftklammer durch alle Blätter schieben, das Notizbuch wenden, die Klammer auf der Rückseite zubiegen (evtl. unter Druck mit einem harten Gegenstand) und so noch zwei weitere Klammern einfügen.

Schritt 4

Kleben Sie um die Rückenkante des Notizbuchs einen Streifen goldfarbenes Maskierband und schneiden Sie wenn nötig die Seiten auf gleiche Höhe.

WOHNDEKO & EINRICHTUNG

◆◇◇ | ◆◇◇ | ◆◇◇

FLACHE SCHALE

WEISSES UND GRAUES FIMO
CUTTER, NUDELHOLZ, PINSEL,
SCHERE, FLACHPINSEL, LINEAL ODER METERMASS
TRANSPARENTER ACRYLLACK (OPTIONAL)

Formen Sie aus ein wenig grauer und viel weißer Fimo-Masse eine Kugel und kneten Sie diese gut durch, um die Farben zu mischen. Fügen Sie falls nötig mit dem Finger etwas Material hinzu, formen Sie eine große Kugel und rollen Sie einen Teil davon flach aus, damit Sie für den Boden der Schale eine Scheibe erhalten. Verschönern Sie die Ränder der Scheibe mit dem Cutter. Das restliche Fimo rollen Sie flach aus, formen einen 3 x 30 cm langen Streifen, legen ihn um die Kreisform des Schalenbodens und drücken ihn mit den Fingern sanft so an, dass er gut haftet. Härten Sie die Schale 30 Minuten bei 110 °C in der Backröhre und tragen Sie abschließend eine Acryllackschicht auf, wenn Sie möchten.

MARMORIERTE KERZENHALTER

SCHWARZES UND WEISSES FIMO
3 KERZEN, SPITZES MESSER,
TRANSPARENTER ACRYLLACK, PINSEL

Formen Sie aus etwas weißer und doppelt so viel schwarzer Fimo-Masse eine Kugel und kneten Sie diese gut durch, um die Farben zu vermischen. Fügen Sie wenn nötig mit dem Finger etwas Material hinzu und harmonisieren Sie die Farben der Marmorierung, indem Sie die große Kugel auf der Arbeitsfläche hin und her rollen. Klopfen Sie dann mit der flachen Hand auf die Kugel, um erst den Boden und dann nach Umdrehen der Kugel die Oberseite zu planieren. Machen Sie mit der Kerze einen Abdruck und höhlen Sie die Form an dieser Stelle mit dem spitzen Messer aus. Streichen Sie das Innere mit den Fingern glatt. Fertigen Sie auf dieselbe Weise zwei weitere Kerzenhalter an, einen dünneren und einen weniger hohen. Die Halter 30 Minuten bei 110 °C in der Backröhre härten und nach dem Abkühlen mit Acryllack überziehen.

WERKSTOFF

KERAMIK

Vielleicht dachten Sie immer, dass Keramik sehr kompliziert ist, viel Arbeit macht und, weil sie gebrannt werden muss, als Mindestausrüstung einen Ofen mit hohen Temperaturen erfordert. Lassen Sie sich durch die Projekte in diesem Kapitel einfach eines Besseren belehren! Wir stellen Ihnen einen Keramiktyp vor, aus dem Sie ohne teure Ausrüstung und allein mit Ihrer Fingerfertigkeit wunderschöne Objekte schaffen können. Sie werden überrascht sein, was Sie handwerklich, nahezu künstlerisch aus diesem sehr natürlichen Werkstoff kreieren können. Folgen Sie einfach den Anleitungen.

S. 266

S. 270

S. 279

S. 276

S. 267

S. 278

S. 267

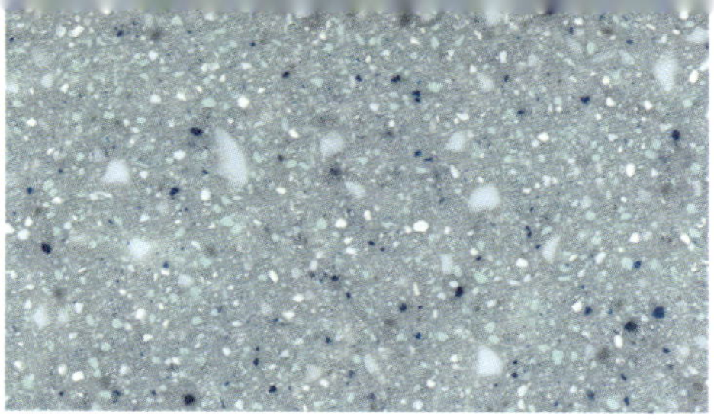

S. 274

S. 268

S. 272

S. 266

S. 266

S. 267

Holz
Kuchenformen
Masking Tape
Goldfarbe mit Krakelier-Effekt
Ausstechform
Cutter
Kette
große Tasse
rote Pfefferbeeren und Pfefferkörner
Ausstechförmchen

WERKZEUG UND MATERIAL

◆◆◇ | ◆◆◇ | ◆◇◇

WEIHNACHTSPYRAMIDE

1 TANNENBAUM AUS POLYSTYOROL
WEISSE FIMO-MODELLIERMASSE
1 BLUMEN-AUSSTECHFORM
NUDELHOLZ, CUTTER

Kneten Sie die Modelliermasse gut durch, damit sie weich und geschmeidig wird, rollen Sie das Fimo mit dem Nudelholz zu einer gleichmäßig dünnen Platte, schneiden Sie aus dieser einen Kegel (siehe Schablone auf Seite 298) und stechen Sie dann kleine Blumen aus. Wickeln Sie die Form um den Tannenbaum und schneiden Sie wenn nötig die Überstände ab. Da sich Fimo bei Wärme zusammenzieht, lassen Sie den Kegel über dem Tannenbaum bei 110 °C etwa 30 Minuten lang in der Backröhre härten.

LICHTER & KERZENSCHEIN

◆◇◇ | ◆◇◇ | ◆◇◇

TAFELKERZENHALTER

FIMO-MODELLIERMASSE IN GRAU, ORANGE UND PFIRSICHFARBEN,
FORMEN FÜR TÖRTCHEN UND MUFFINS,
KERZEN, NUDELHOLZ, CUTTER

Die Fimo-Modelliermasse gut durchkneten, damit sie weich und geschmeidig wird, dann dünn ausrollen, in die kleinen Kuchenformen geben und Überschuss an den Rändern abschneiden. Das Fimo in den Formen lassen, weil es sich bei Wärme etwas zusammenzieht, und 30 Minuten bei 110 °C in der Backröhre härten. Danach aus der Form nehmen und die Kerzen auf einige warme Wachstropfen in die Halter stellen.

TIPP

Sie können mit allen möglichen Formen, die unterschiedlich breit und hoch sind, jeweils eine ganze Serie von gleichen Kerzenhaltern machen – solange die Formen weit genug sind, damit eine Kerze hineinpasst.

KIESELSTEINVASEN

FIMO EFFEKT (IN FARBEN WIE GRANIT, MARMOR ETC.)
ZAHNSTOCHER

Die Modelliermasse weichkneten und zu einer Kugel formen. Nehmen Sie einen kleinen Teil der Masse weg und formen Sie den Rest wie eine Art Kieselstein. Setzen Sie das kleine Stück als Vasenhals geformt obenauf, stecken Sie den Zahnstocher oben in die Mitte und bohren Sie mit ihm eine Öffnung, die bis in die Steinform reicht. Härten Sie die Vase 30 Minuten bei 110 °C in der Backröhre.

SCHMUCKANHÄNGER MIT GRAFIKPRÄGUNG

WEISSE FIMO-MODELLIERMASSE
2 GOLDKETTEN MIT 1 VERSCHLUSS
2 SPALTRINGE
RUNDE AUSSTECHFORM
ZAHNSTOCHER, CUTTER MIT FEINER KLINGE,
LINEAL, ZANGE, NUDELHOLZ

Schritt 1

Die Fimo-Modelliermasse gut durchkneten, damit sie weich und geschmeidig wird, und dann mit dem Nudelholz ungefähr 5 mm dick ausrollen.

Schritt 2

Stechen Sie mit der runden Form einen Kreis aus und schneiden Sie ihn in der Mitte durch. Zeichnen Sie mit dem Zahnstocher – ohne allzu fest aufzudrücken – auf beide Seiten eines Halbkreises geometrische Formen (siehe Vorlage auf Seite 291). Bohren Sie an beiden oberen Ecken des Halbkreises mit dem Zahnstocher ein Loch und härten Sie die Form dann 30 Minuten bei 110 °C in der Backröhre.

Schritt 3

Nachdem die Form abgekühlt ist, setzen Sie die beiden Spaltringe in die Löcher, hängen in jeden eine Kette ein und montieren den Verschluss.

Schritt 1

Schritt 2

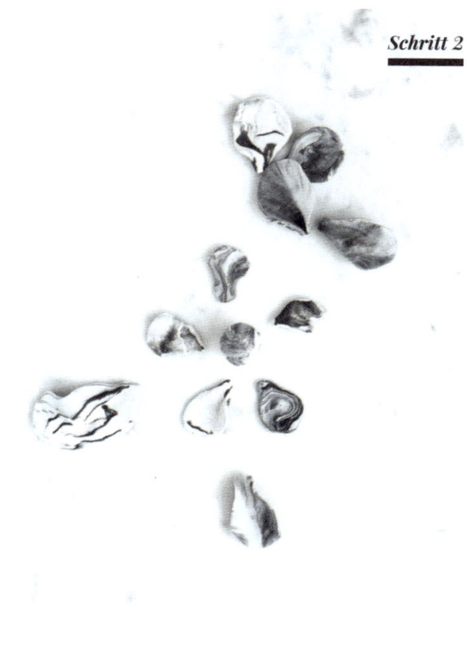

Schritt 3

BLICKFANG

◆◇◇ | ◆◇◇ | ◆◆◇

MARMORBLUMEN

SCHWARZE UND WEISSE FIMO-MODELLIERMASSE, CUTTER, NUDELHOLZ

Verkneten Sie die weiße und die schwarze Modelliermasse miteinander.
Formen Sie eine Kugel, rollen Sie diese mit dem Nudelholz flach aus und formen Sie die Platte wieder zu einer Kugel. Wiederholen Sie das Ganze mehrmals, damit Sie eine schöne Marmorierung erhalten. Machen Sie eine Kugel, rollen Sie einen Teil von ihr flach und schneiden Sie aus diesem mit dem Cutter Blütenblätter in drei verschiedenen Größen und Formen (siehe Vorlage auf Seite 290). Formen Sie aus der restlichen großen eine kleine Kugel und fügen Sie nacheinander die Blütenblätter hinzu: die kleinsten zuerst direkt um die Kugel, die nächstgrößeren danach und dann weiter bis hin zu den größten ganz außen. Drücken Sie die Blütenblätter nicht zu fest an und bearbeiten Sie ihre Formen etwas nach, indem Sie zum Beispiel einzelne Blätter ein wenig länger ziehen oder nach außen biegen, damit sie nicht zu starr wirken. Probieren Sie ruhig aus, wie stark Sie die Formen dehnen, ziehen und biegen können. Zum Schluss 30 Minuten bei 110 °C in der Backröhre härten lassen.

◆◆◇ | ◆◆◇ | ◆◇◇

HÄNGESCHALE

SELBSTHÄRTENDE MODELLIERMASSE
2 SCHNURSTÜCKE, JE 2 M LANG
CUTTER, SCHASCHLIKSPIESS,
GLASPAPIER MITTLERER KÖRNUNG

Schritt 1

Kneten Sie die selbsthärtende Modelliermasse weich und formen Sie eine Kugel.

Schritt 2

Befeuchten Sie die Kugel und drücken Sie diese mit den Daumen von der Mitte aus in eine Hohlform. Bearbeiten Sie die Form so, dass sie innen glatt ist und ziemliche dicke Wände hat.

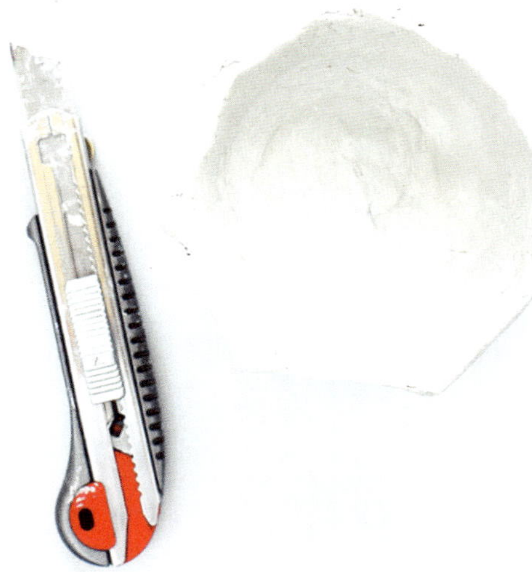

Schritt 3

Facettieren Sie die Außenseite der Schale mit dem Cutter, aber achten Sie darauf, dass die Wände dick genug bleiben. Nach dem Trocknen der Schale schmirgeln Sie die Facetten glatt.

Schritt 4

Oben quer durch die Schale von einer Seite zur anderen den Spieß stecken. 2 Tage trocknen lassen. Spieß entfernen, Schnüre durch die Löcher ziehen und die Schale aufhängen.

GESPRENKELTE TÖPFCHEN

WEISSE UND ROSA ODER GRÜNE FIMO-MODELLIERMASSE
PFEFFERKÖRNER
ROSA PFEFFERBEEREN
ROSA ODER GRÜNE MALFARBE
2 PINSEL, LACK
NUDELHOLZ, TRINKGLAS,
MÖRSER UND PISTILL

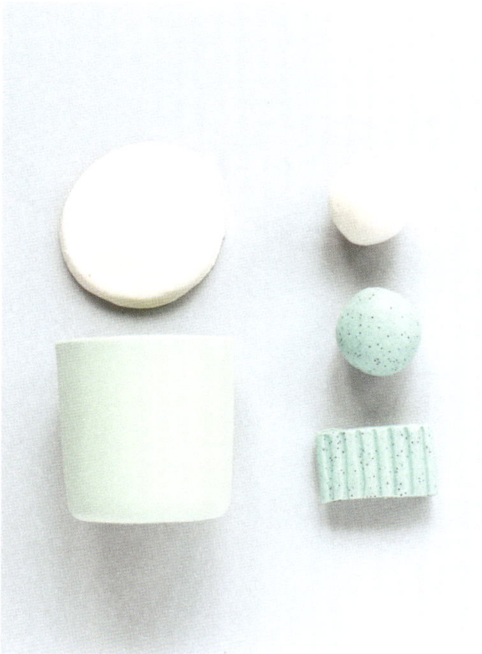

Schritt 1

Jede Farbe der Fimo-Masse durchkneten, bis sie geschmeidig ist, dann 2 cm dick ausrollen und mit dem Glas einen Kreis ausstechen.

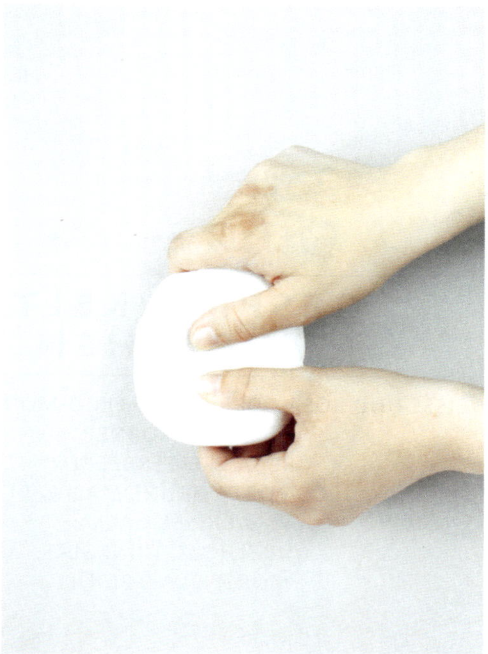

Schritt 2

Aus dem weißen Fimo eine Kugel formen, mit den Daumen von der Mitte aus eine Mulde eindrücken, um eine Schale zu formen, und glatt streichen.

Schritt 3

Geben Sie der Form den letzten Pfiff, indem Sie die Ränder etwas feiner ausarbeiten.

Schritt 4

Zerdrücken Sie die Pfefferkörner und die rosa Beeren mit dem Pistill zu feinem Granulat.

Schritt 5

Streuen Sie das Pfeffergranulat außen und innen auf das Schälchen. Die Masse muss noch weich sein, damit sich das Beerengranulat eindrücken kann.

Schritt 6

Drehen Sie die Schale und belegen Sie den Boden mit einer rosa oder grünen Fimo-Scheibe.

Schritt 7

30 Minuten bei 110 °C in der Backröhre härten lassen. Dann malen Sie unten herum einen rosa oder grünen Streifen auf die Schale und tragen nach dem Trocknen eine Lackschicht auf.

Schritt 8

Variante: Sie können die Schale auch besprenkeln, indem Sie die mit flüssiger Farbe gefüllten Borsten eines Pinsels mit dem Daumen zurückbiegen und durch Loslassen Farbe verspritzen.

DEKORATIVER TELLER

1 WEISSER KERAMIKTELLER
BLAUE GLASMALFARBE
GOLDENE FARBE MIT KRAKELIEREFFEKT (KRAKELIERFARBE)
LÖFFEL, ZAHNSTOCHER

Den Teller gut spülen und säubern. Geben Sie vorsichtig 2 Löffel blaue Glasmalfarbe in die Mitte des Tellers. Fügen Sie dann zu dieser 2 Löffel Krakelier-Effektfarbe hinzu. Auf diese Weise erzeugen die Materialen einen zufälligen Effekt. Sie können aber auch mit dem Materialeffekt spielen, indem Sie mit dem Zahnstocher in den Farbverlauf eingreifen. Farbe trocknen lassen und nach Herstellerangaben im Ofen einbrennen.
Vorsicht! Dieser Teller eignet sich nur zur Dekoration und darf nicht in Verbindung mit Lebensmitteln verwendet werden!

TASSE MIT SCHRIFT

GROSSE EMAILLIERTE TASSE
DURCHSICHTIGES KLEBEBAND
SCHERE, LACKLEIM, PINSEL

Fotokopieren Sie die Vorlage von Seite 282 mit einem Laserkopierer (die Laserkopie ist wichtig, weil diese Technik mit einem Ausdruck vom Tintenstrahler nicht funktioniert). Überziehen Sie den Textausdruck mit durchsichtigem Klebeband. Schneiden Sie den Spruch möglichst nah zum Text aus und legen Sie ihn für ein paar Minuten in eine mit Wasser gefüllte Schale. Rubbeln Sie dann das weiße Papier mit den Fingerkuppen ab – es lässt sich problemlos lösen – damit Sie am Ende nur noch den Text auf Klebeband haben. Diesen positionieren Sie dann auf der trockenen sauberen Tasse, streichen mit dem Pinsel Lackleim so auf das Klebeband, dass die Schrift ganz bedeckt ist, und lassen alles 12 Stunden trocknen. Die so übertragene Beschriftung verträgt kein Wasser und somit können Sie die Tasse auch innen nur mit einem feuchten Schwamm reinigen.

PRAKTISCHER TEIL

VORLAGEN

Hier finden Sie die Vorlagen und Schablonen, die Sie für die Dekore, das Zuschneiden, Zusammenbauen oder Etikettieren bestimmter Projekte aus diesem Buch benötigen. Bereits in den Projektanleitungen wird auf die entsprechende Vorlage mit Angabe der Seitenzahl hingewiesen und in diesem Kapitel sind neben den Vorlagen die zugehörigen Projektnamen und Buchseiten angegeben. Ab Seite 300 finden Sie ganzseitige Abbildungen von verschiedenen Oberflächen, die Sie für bestimmte Kreationen als Muster (etwa für den Papierkauf) oder zum Kopieren verwenden können.

Wolken-Kissen
S. 162

Tasse mit Schrift
S. 279

Spiegelraute
S. 204

Blütenbrosche
S. 38

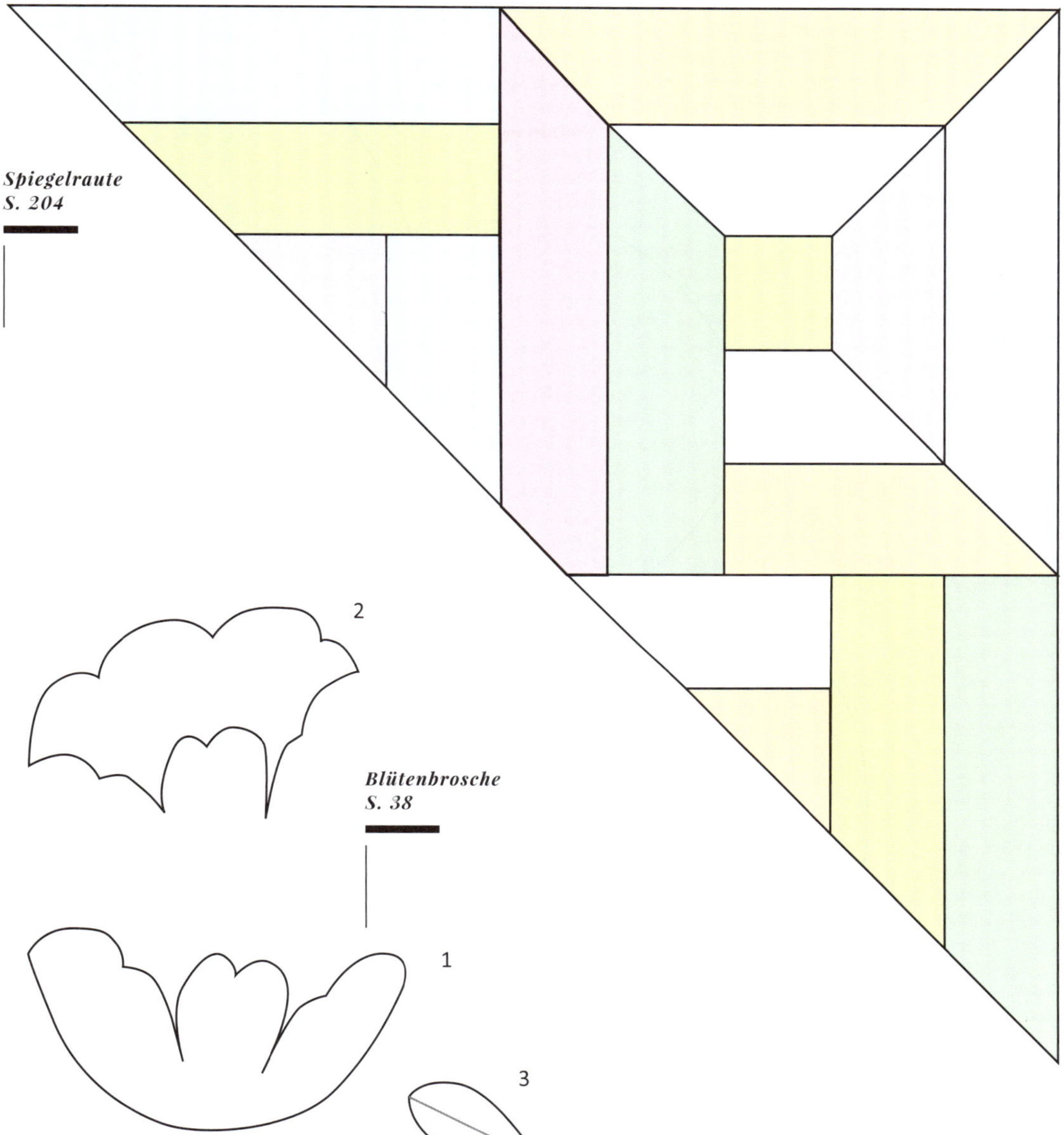

Kleine Vasen
S. 39

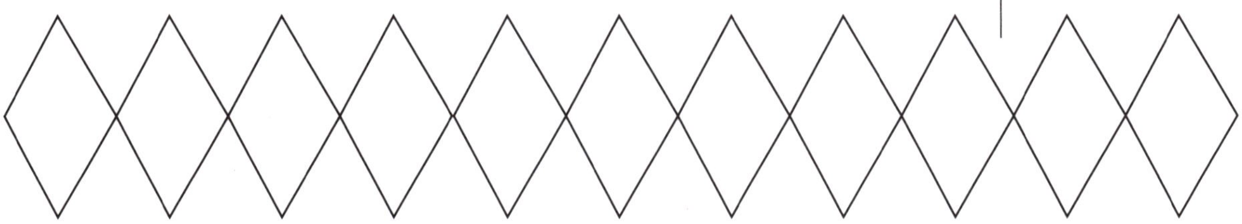

Liebliche Worte
S. 44

Stiftebecher mit geometrischem Muster
S. 80

Deko-Pinnwand
S. 88

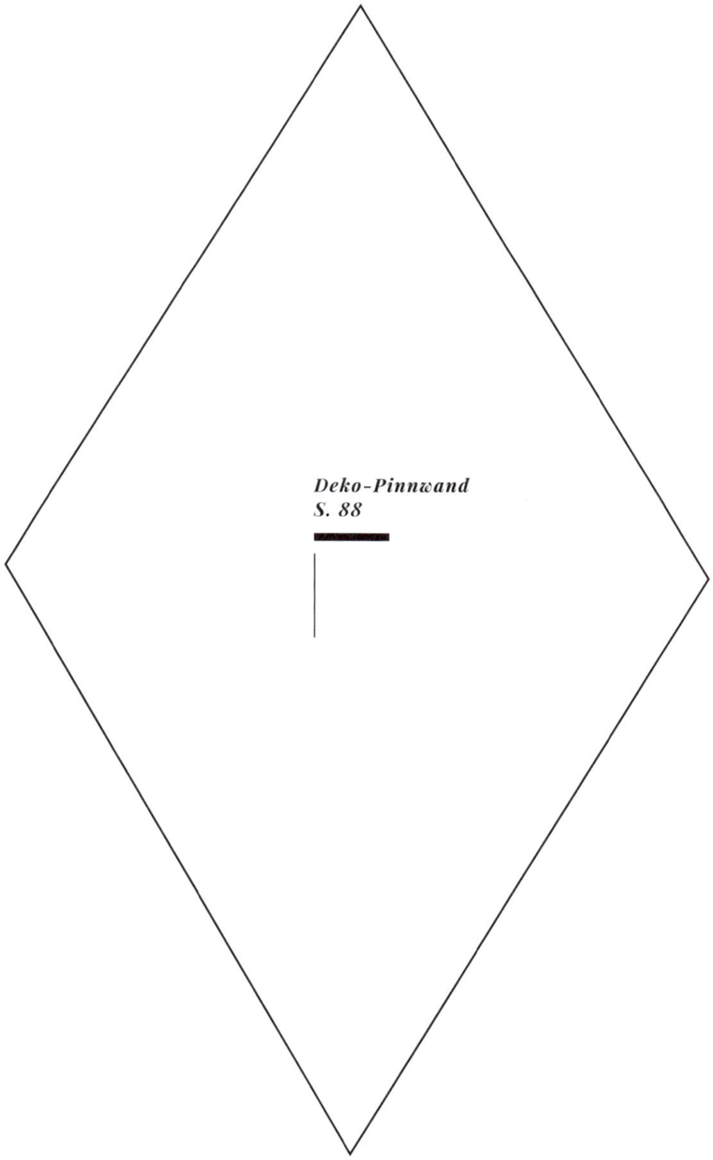

Badesalz im Glas
S. 122

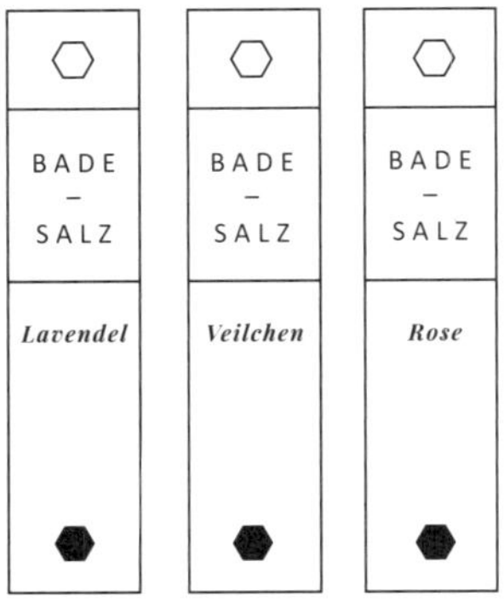

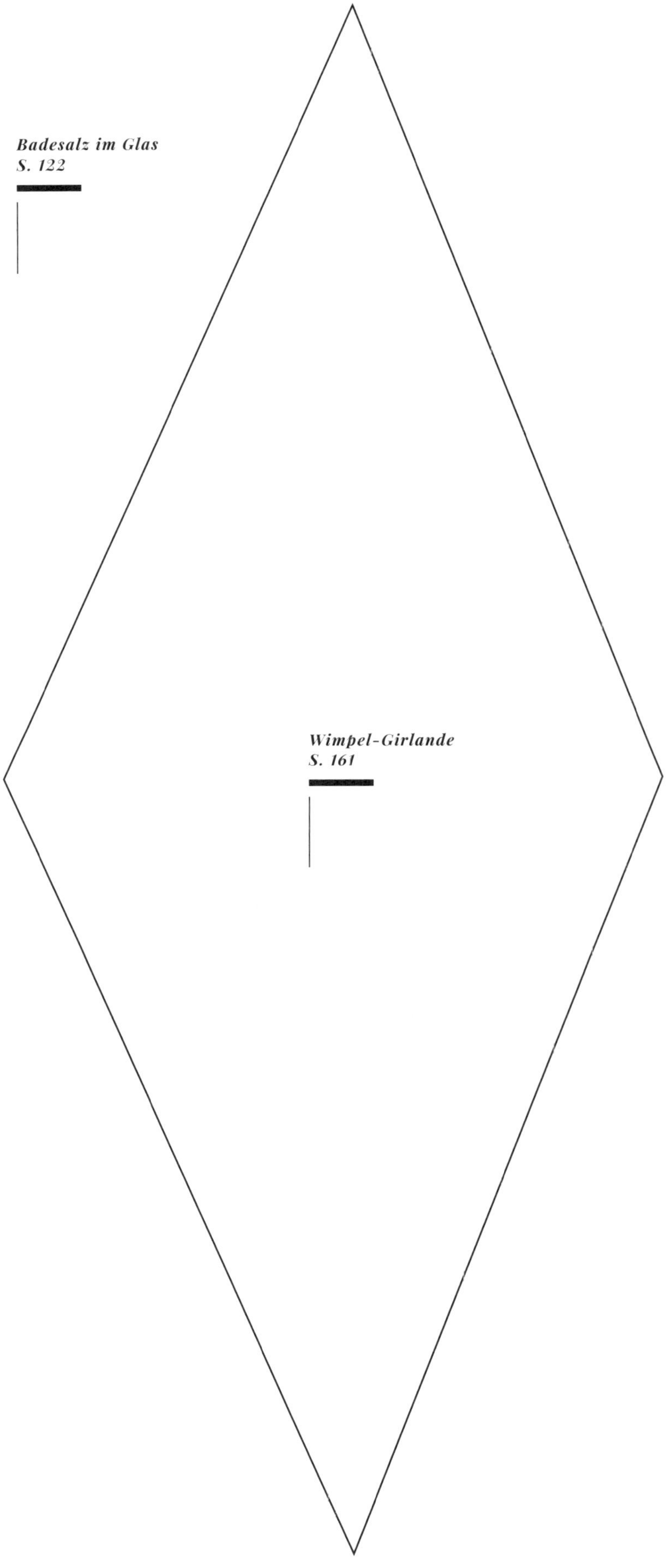

Wimpel-Girlande
S. 161

Collier im Ethno-Stil
S. 102

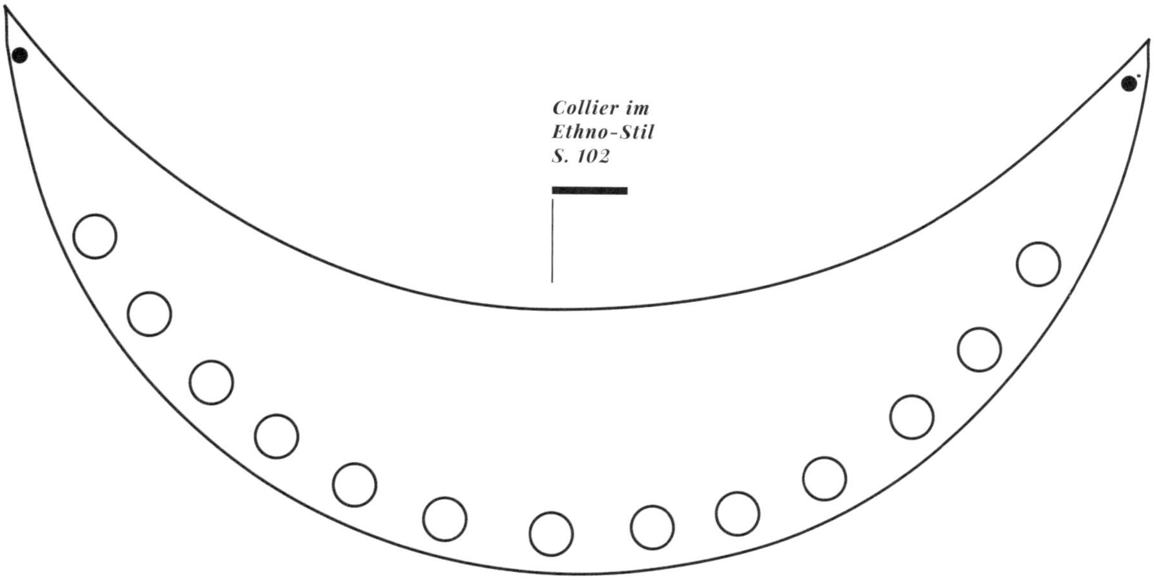

Duftkerzen
S. 126

Webrahmen
S. 84

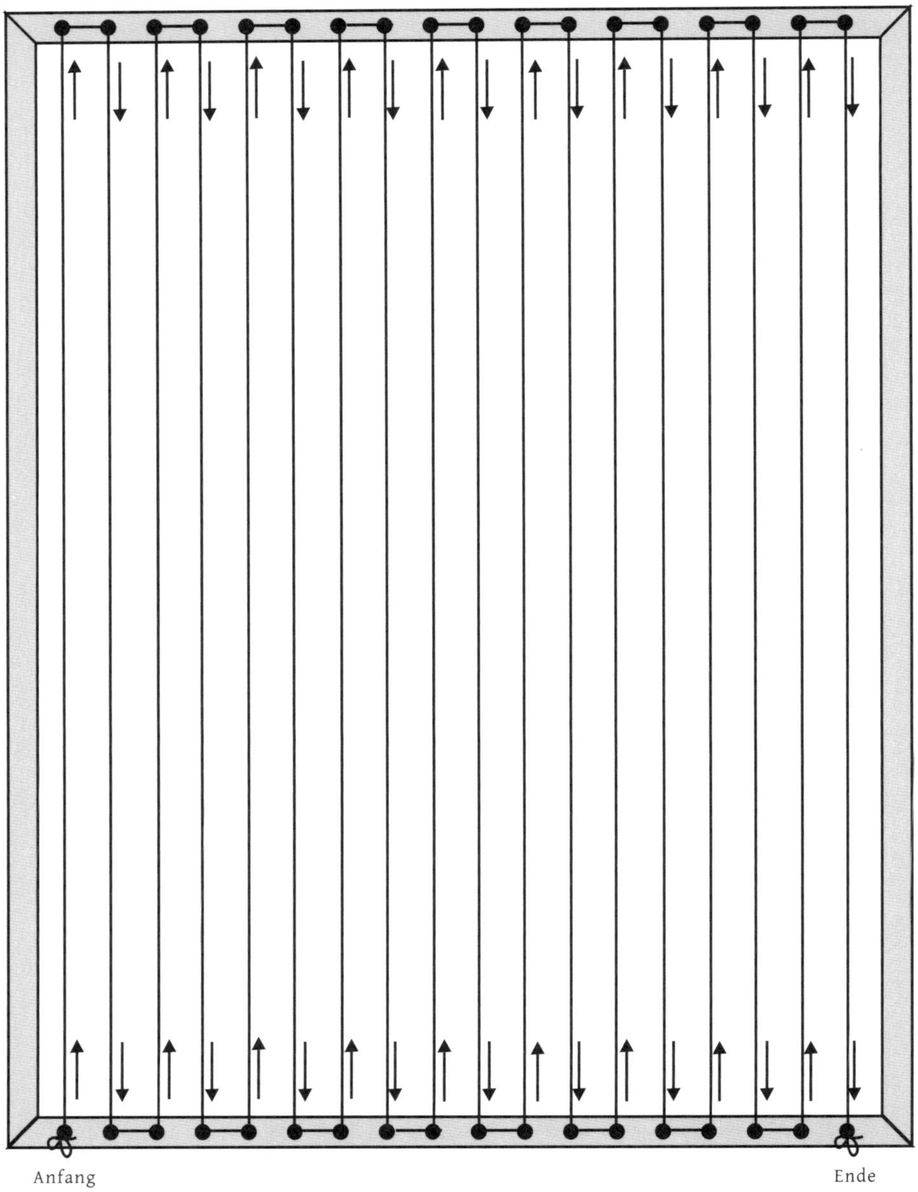

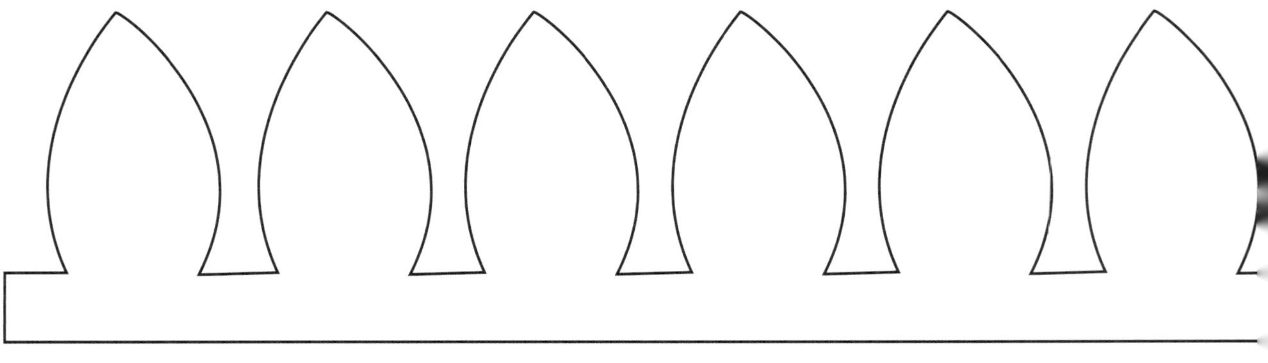

Natürliche Badesalze S. 124

BADESALZ VIOLETT

RÖMISCHE KAMILLE

ENTSPANNUNG, BERUHIGUNG, ANTI-STRESS
WOHLTUENDE MILDE

BADESALZ ZARTBLAU

JASMIN ABSOLUE

RELAXEN, ERFRISCHUNG
VERFÜHRERISCHER DUFT

BADESALZ PUDERROSA

MAGNOLIENBLÄTTER

VANILLE UND ZITRONE
BELEBENDE FRISCHE

Seidenblumen S. 174

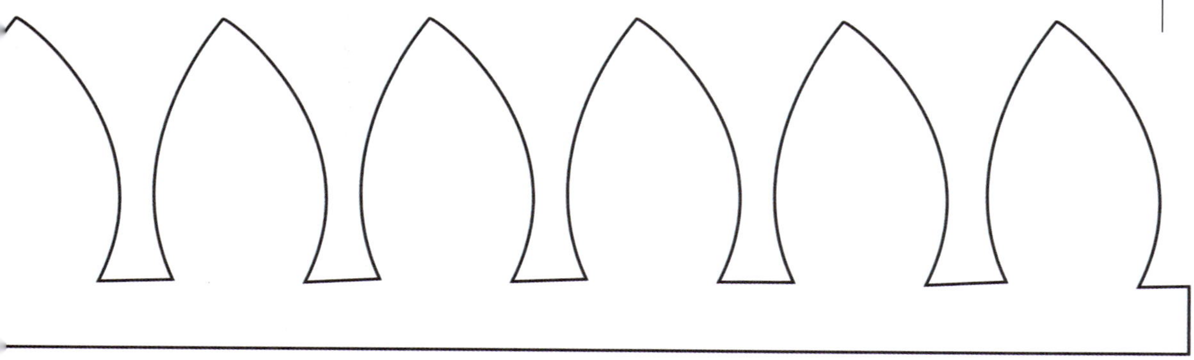

Marmorblumen
S. 270

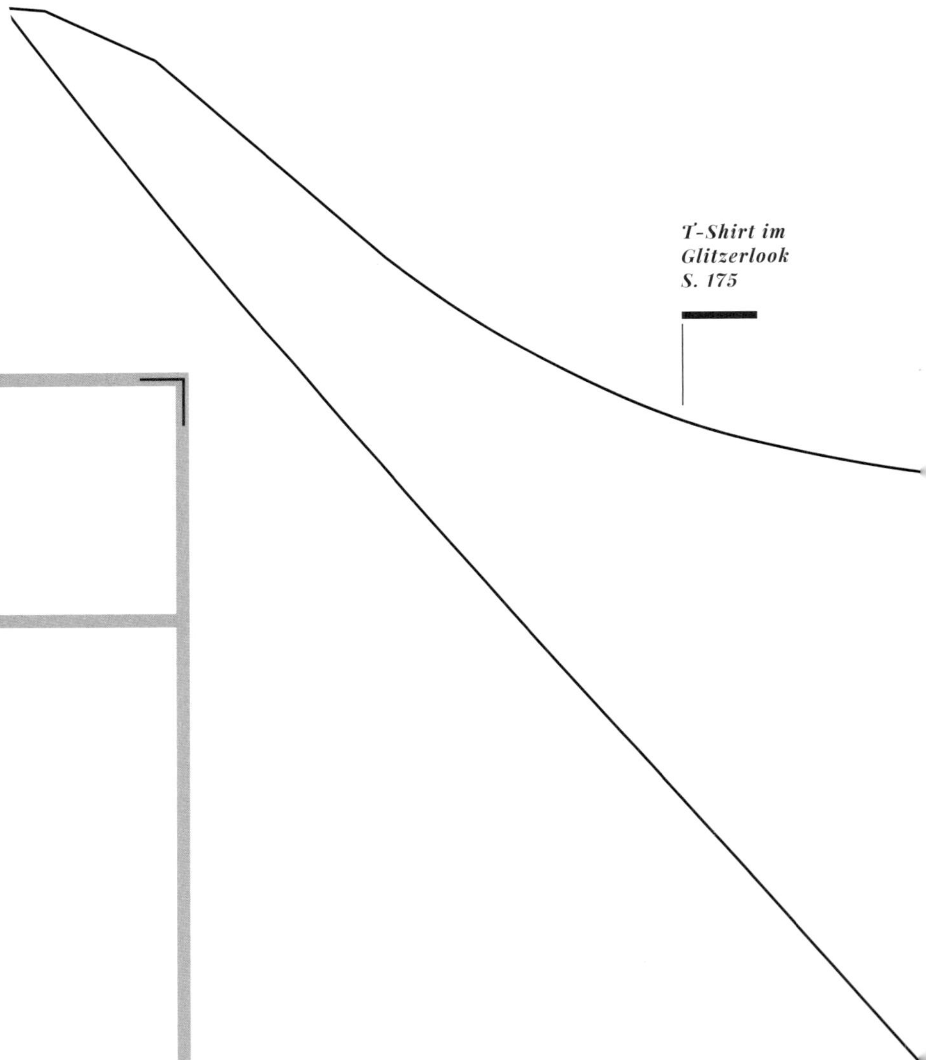

Fensterlicht
S. 91

T-Shirt im Glitzerlook
S. 175

Schmuckanhänger mit Grafikprägung
S. 268

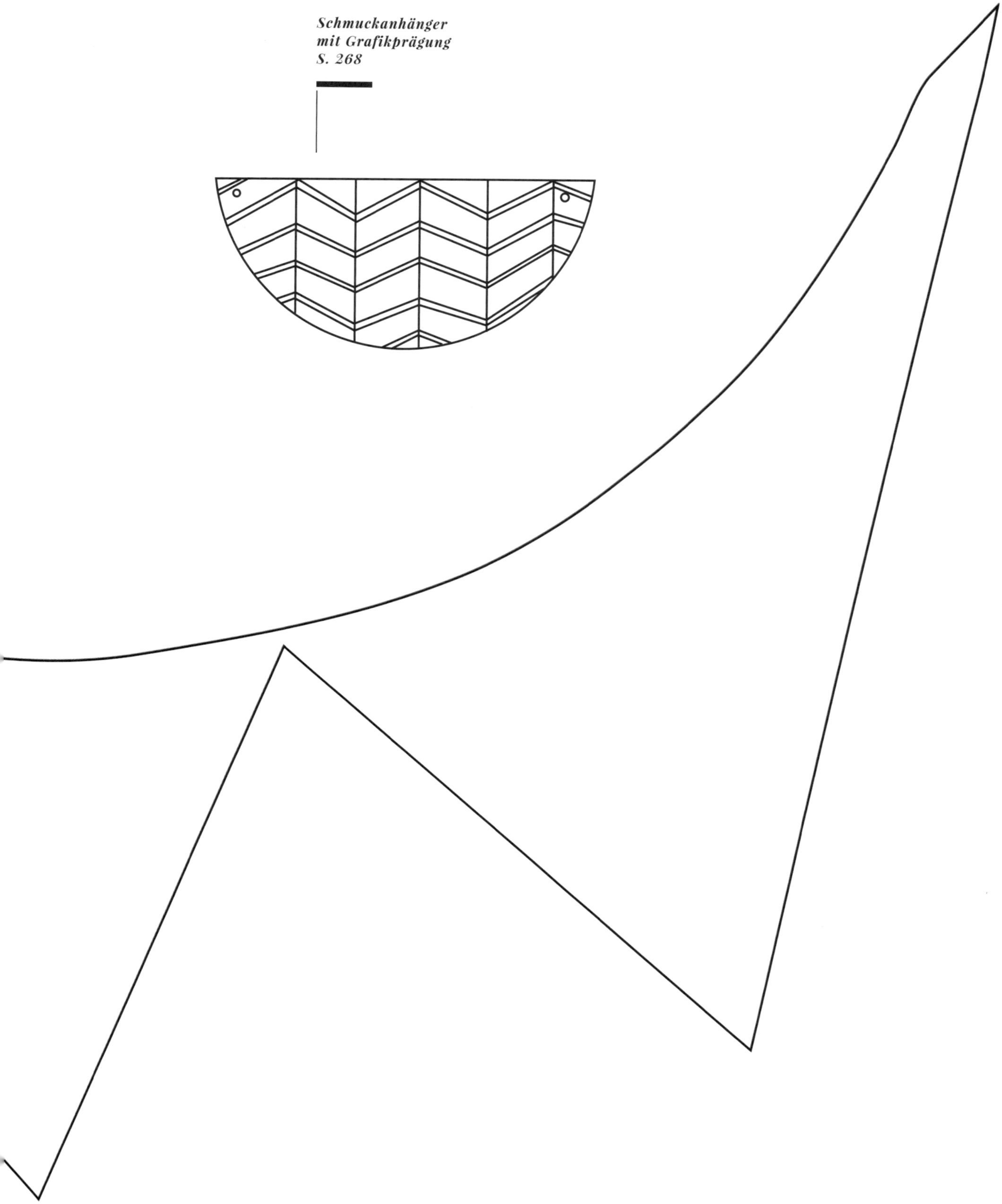

Wandschmuck
S. 182

Diamanten unter Verschluss S. 188

Wandschmuck aus Spitze
S. 192

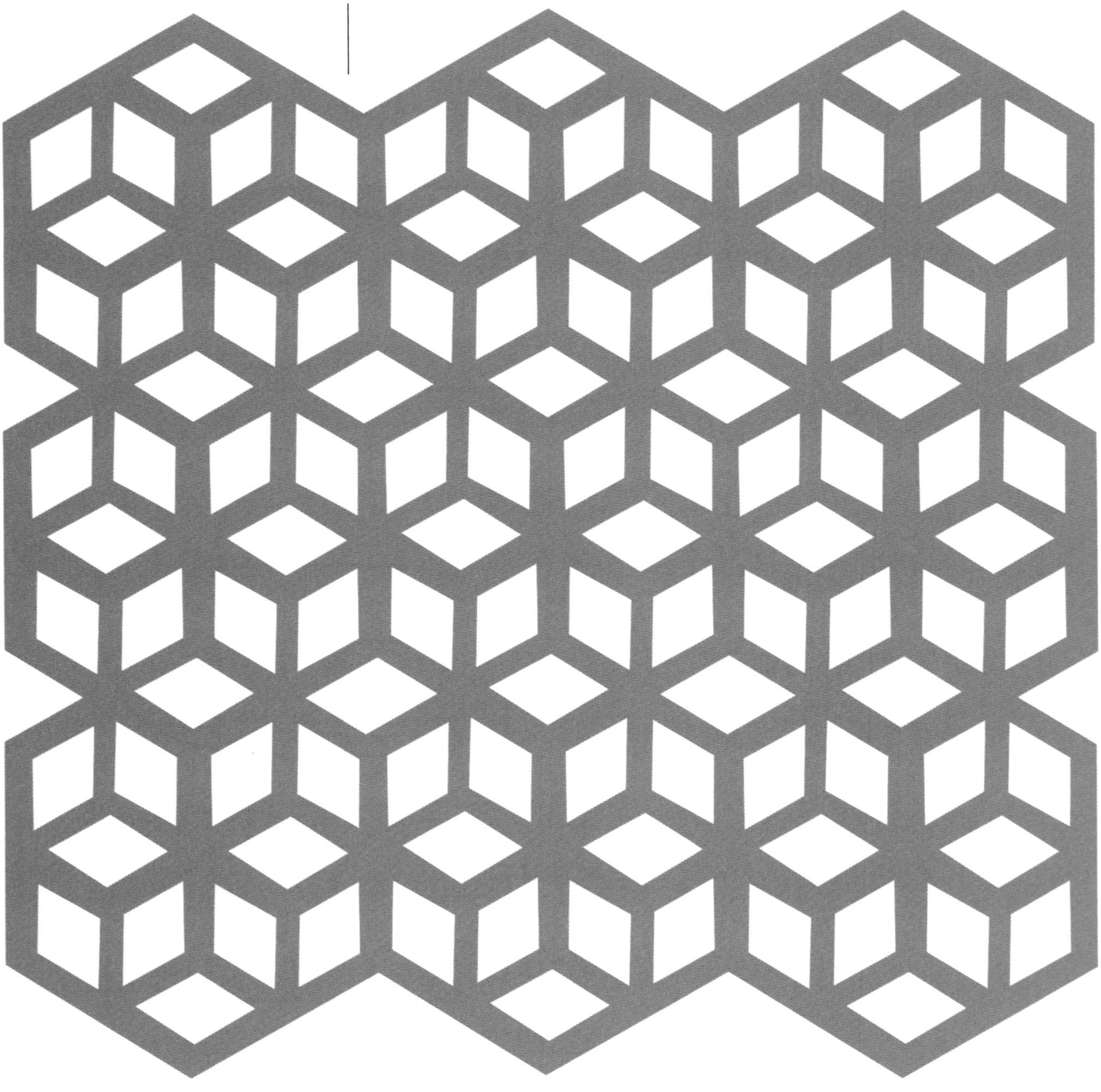

Tasche für das Tablet S. 193

Leuchtkasten S. 230

VOY

AGE

Leuchtkasten
S. 230

LES AMIS

Weihnachts-
pyramide
S. 266

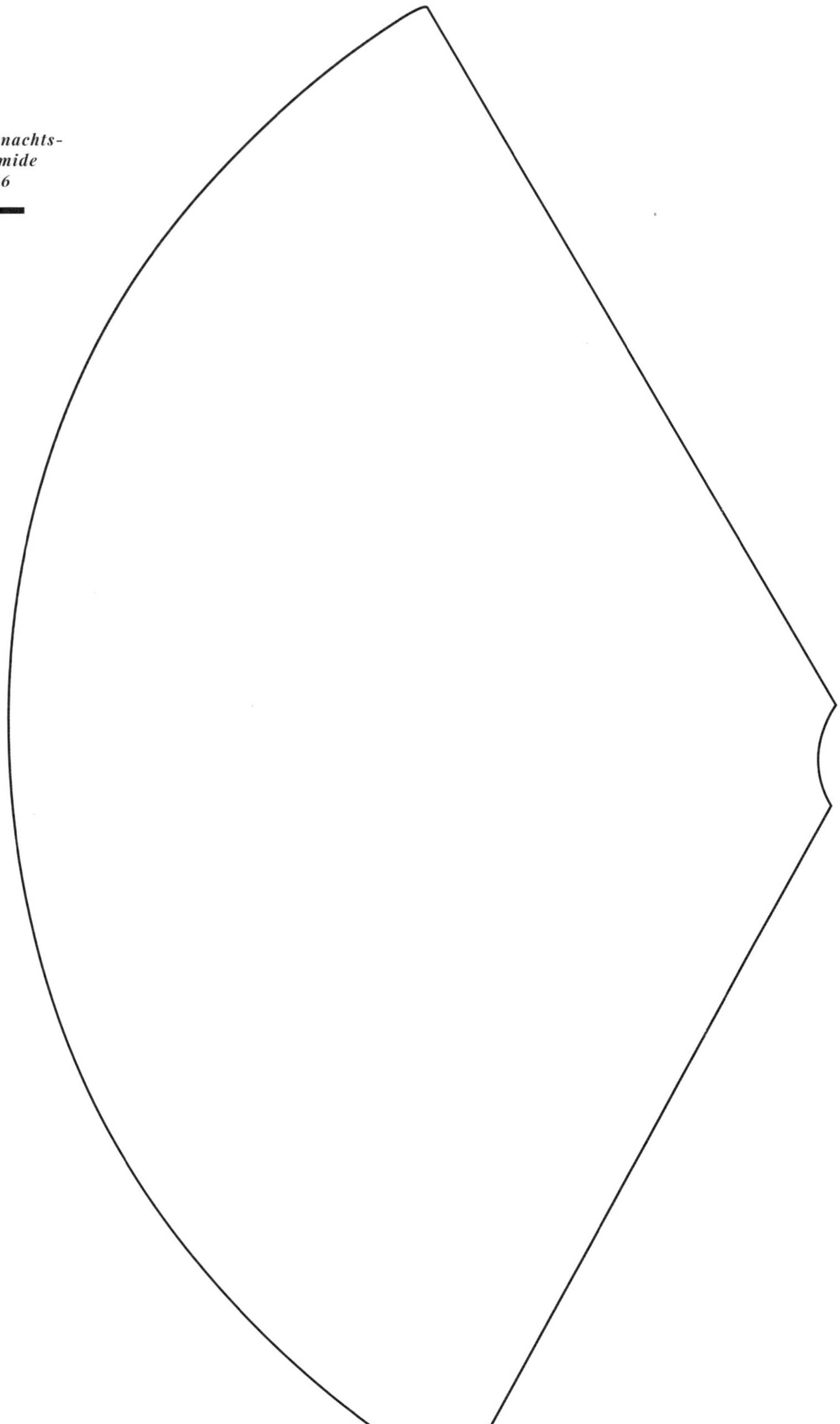

Hübscher Webteppich S. 106

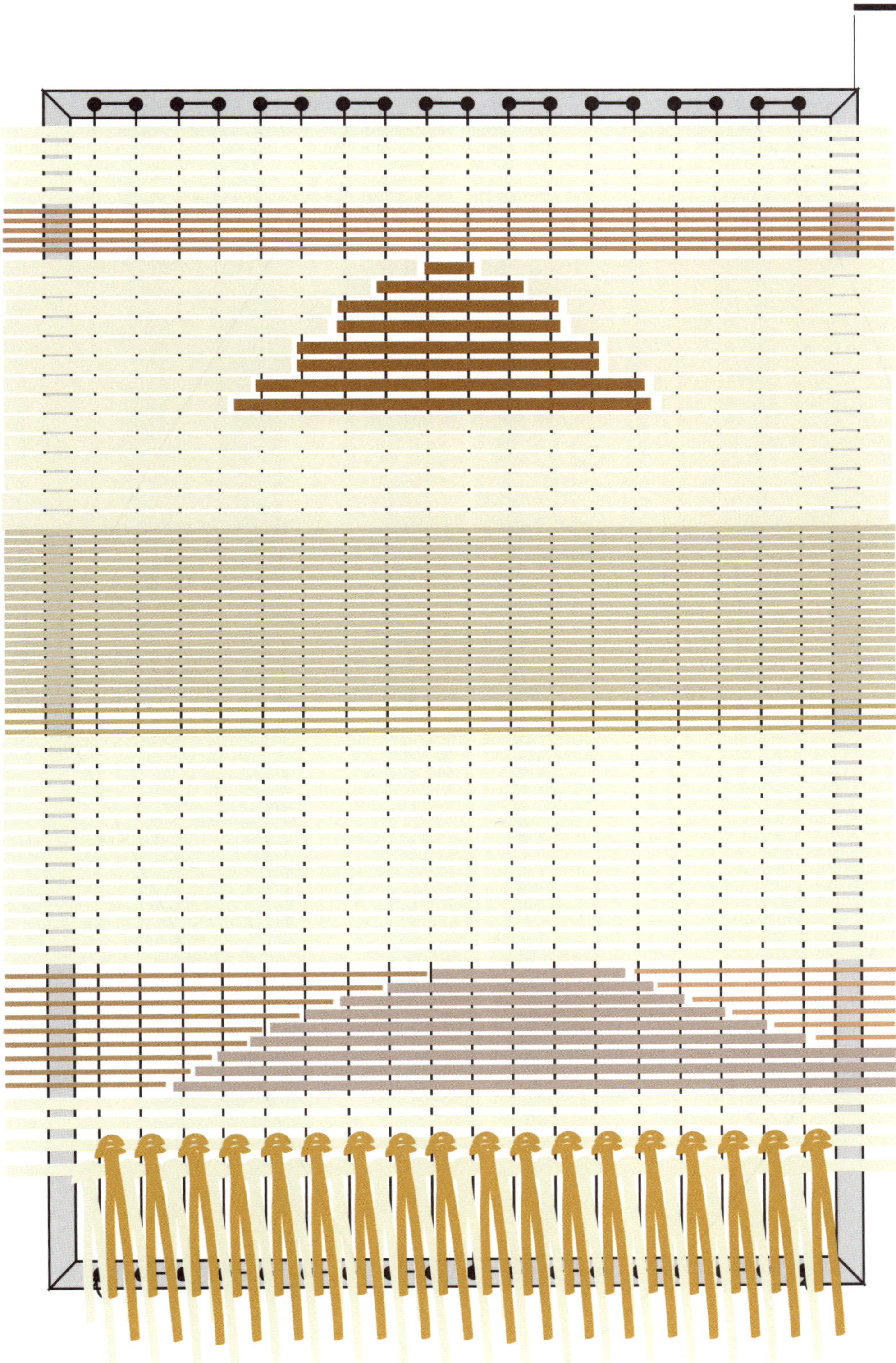

PROJEKTREGISTER

BELEUCHTUNG

BLICKFANG

BLUMEN & PFLANZEN

LICHTER & KERZENSCHEIN

ORDNUNG & AUFBEWAHRUNG

PLANUNG & ORGANISATION

SCHLEMMEREIEN & REZEPTE

SCHMUCK & ACCESSOIRES

SPIEL & SPASS

WELLNESS

WOHNDEKO & EINRICHTUNG

TECHNIKREGISTER

BETON

FARBE

GARNE & CO.

GLAS

GOLD

HOLZ

KERAMIK

TECHNIKREGISTER

KERZEN

PLASTIK

KUPFER

LEBENSMITTEL

LICHT & KERZENSCHEIN

  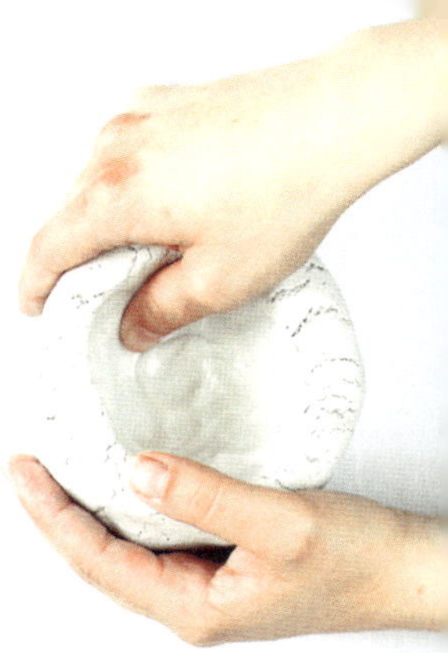

MARMOR

MINERALIEN

PAPIER

PFLANZEN

STOFF

BEZUGSQUELLEN

GROSSE SHOPS/LÄDEN

BHV Marais
BHV Marais ist der perfekte Shop, hier bekommen Sie alles, was Sie für Ihr DIY-Handwerk brauchen, und die meisten der in diesem Buch verwendeten Materialien vom Kupferrohr bis zur Vintage-Lampe. Marais führt aber auch Künstlerbedarf, Papeterie, Scoubidou-Bänder, Fimo, Ton, Pappbuchstaben, Stoffblumen, Wolle und verschiedene Garne, Papiere, Gläser, Glitzer, Zangen, Nylonfäden, Klebeband, Kerzengieß-Sets, Floristenband, Filz, Leimlack, Keramikmasse, Farben Glasmalerei ... und ist auch ansonsten ein großartiger Shoppingtipp für den nächsten Paris-Trip, den Kleidung, Schuhe und Küchenutensilien gibt es dort ebenfalls.

www.bhv.fr/en/

Buttinette
Creativ-Discount
VBS Hobby Service
Idee Creativmarkt
Rayher Hobby
In diesen Shops finden Sie (fast) alles, was man für kreative Hobbys wie Basteln, Nähen, Stricken, Häkeln, Modellieren, Malen usw. benötigt: Papiere, Pappe, Beton, Peddigrohr (Rattan), Werkzeuge, Blattgold, Farben, Perlen, Fimo, Kork-Furnier, Fimo, Kerzengieß-Sets, Filz, Papier, Wolle, Bänder, Stoffe, Holzartikel, Füllwatte ...

www.buttinette.de
www.creativ-discount.de
www.vbs-hobby.com
www.idee-shop.com
www.rayher-hobby-shop.de

DaWanda
Vintage & Retro, Stoffe, Bänder, Schmuck und DIY-Material
de.dawanda.com

Etsy
DIY-Material & Werkzeug, Schmuck, Accessoires, Vintage
www.etsy.com

FLORISTIK

Floristik24
Kunst- und Seidenblumen, Steckschaum, Bänder, Fransen, Deko- und Bastelbedarf
www.floristik24.de

Naturfloristik Wiedenmann
Trockenblumen, Deko- und Bastelbedarf
www.bastelspass24.de

BAUMÄRKTE

Online-Shops
Metall, Holz, Stein, Beton, Sand, Werkzeug und Maschinen, Heimwerkerbedarf jeder Art. Obwohl Sie für viele Produkte den örtlichen Baumarkt besuchen sollten, können Sie einige Artikel auch online kaufen.

www.obi.de
www.hornbach.de
www.hellweg.de
www.hagebau.de
www.toom-baumarkt.de
www.baywa-baumarkt.de
www.bauhaus.info
www.globus-baumarkt.de

KÜNSTLERBEDARF

Besthobby
Künstler- und Zeichenbedarf
www.besthobby.de

Boesner
Künstlerbedarf, Rahmen, Leinwände, Künstlerfarben, Pinsel etc.
www.boesner.com

Gerstaecker
Künstlerbedarf, Malgründe, Pinsel, Keramik, Kork, Lichterketten etc.
www.gerstaecker.de

Kunstpark
Künstler- und Zeichenbedarf, Acrylfarben, Keilrahmen etc.
www.kunstpark-shop.de

KURZWAREN, BÄNDER & STOFFE

fabfab
Stoffe und Nähzubehör
www.stoffe.de

kreatives4you.de
Stoffe, Bänder, Borten, Papier, Bastelsachen
www.kreatives4you.de

Frau Tulpe Stoffe
Stoffe, Bänder, Borten, Kissen etc.
www.frautulpe.de

PAPIER UND KARTON

Adeline Klam
Papeterie, Japanpapiere, Masking Tape, Papierblumen etc.

www.adelineklam.com

Basteljulchen
Papiere, 3D-Bögen, Kartenpapiere etc.

www.basteljulchen.de

schoene-papiere.de
Seidenpapiere, Filz, Bast, Krepp, Japanpapiere, Washi, Karton etc.
www.schoene-papiere.de

PROJEKTBEZOGENE ADRESSEN

Hier finden Sie beispielsweise Objekte aus Duralex- oder Temperglas für die Schälchen im Keramikstil (Seite 200)

www.manufactum.de

www.rove.de

Loch-Vinyl bzw. lackierte Leinwand (Vinyle Laqué Perforé) für die Körbchen (Seite 166) können Sie in diesen Shops (englisch / deutsch) bestellen:

La Croix et la Manière

www.lacroixetlamaniere.com

Casa Cenina

www.casaenina.de

... und als sehr robuste Meterware (Gittervinyl oder Mesh-Gewebe für Bilderdruck und Sichtschutz) auch hier:

www.lavitio.de/shop

www.balkonumspannung.com

Die Glitter-Bügelfolie für das T-Shirt von Seite 175 finden Sie in vielen Shops, hier nur einige Beispiele:

www.stoffe.de

www.ideenmitherz.de

www.kreativplotter.de

Plexiglas (oder Acrylglas) für die Projekte von Seite 141 und 230 können Sie in nahezu allen Baumärkten kaufen und zuschneiden lassen, oder auch online bestellen (vor allem sehr spezielle Arten), eine Beispiel-Adresse:

www.expresszuschnitt.de

Den sechseckigen Stifteköcher aus Holz (Seite 80) und viele weitere Rohteile zum Gestalten finden Sie ebenfalls in vielen Shops, beispielsweise:

www.midacreativ.de

Lampenschirmringe im Set oder einzeln (z. B. für das Projekt auf Seite 115) gibt es in den meisten Shops, die Lampenzubehör führen (zum Beipiel:)

www.vbs-hobby.com

ANDERE GESCHÄFTE

Amazon
Der Besuch dieser Website lohnt sich fast immer, denn die Produkpalette ist riesig und reicht von Lampen-Sets, Bastelbedarf, Baumarktartikel über Farben, Stoffe und Papiere bis hin zu Schokoladen-Chips, Backformen und wirklich seltenen Artikeln, die man nur im Ausland finden und bei Amazon erwerben kann.

www.amazon.de

Blueboxtree
Lampions und Deko-Artikel

www.blueboxtree.com

Ikea
Speziell für kleine Gläser zum Bemalen mit Kupfer, den Posterhänger, Flaschen und Gläser, Bilderrahmen für die Mini-Gewächshäuser, die Box für den Dauerkalender ...

www.ikea.com

Treibholzparadies
Treibholz wie Schwemmholzbretter und Wurzeln, Naturmaterialien, Dekosteine

www.treibholzparadies.de

DANK

JULIEN

Wie immer warst du da, um mir zu helfen und mich zu unterstützen, und dieses Mal hast du sogar mitgemacht! Danke für die schönen Objekte in diesem Buch, die nun in unserem Zuhause einen Platz gefunden haben, und für deine tollen Ideen – wie die Lampe mit dem Holzfuß, die ich so liebe! Danke, dass du jeden Tag für mich da warst und nicht allzu sehr rumgenörgelt hast, wenn meine Kreationen sich im Wohnzimmer ein wenig (sehr) breit machten ...

LOLA, TIPHAINE, DÉBORAH

Ein riesiges Dankeschön an euch, meine lieben Getreuen, die ihr mir immer zur Seite gestanden und geholfen habt, dieses schöne Buch zu machen. Wir hatten außer der Arbeit auch eine tolle Zeit zusammen, weshalb mir dieses Abenteuer unvergesslich bleiben wird. Ich danke auch Axel für seine Hilfe bei den Holzarbeiten und Thierry für den schönen Tannenzweig!

PASCALE

Vielen Dank, dass du an dieses Buchprojekt geglaubt und so viel zur seiner Verwirklichung beigetragen hast! Es war ein steiniger Weg, aber ich bin so stolz auf das, was wir gemeinsam geschafft haben! Danke für deine Unterstützung von Anfang an und für deine gute Laune, die du dir trotz meiner stetigen Verspätungen bewahrt hast! Dieses Buch reiht sich ein in die Liste unserer schönen Zusammenarbeit, die jedes Mal wieder ein Erlebnis ist!

AMÉLIE & ANNE

Ein riesen-, riesengroßes Dankeschön dafür, dass ich das Mäuslein spielen durfte, während ich in eurem Haus die Fotos machte. Dank euch beiden bekam das Buch eine Seele, die ihm die Geschichten an euren Wänden einhauchten. Euer Zuhause ist das schönste und poetischste, das ich je gesehen habe – danke, dass ich dort einige Objekte aufstellen durfte. Ich denke an Babykätzchen Fusée, das von den Kreationen fast nicht lassen konnte!

MEINEN ELTERN

(UND IHRER GARAGE!)

Danke, dass ihr für dieses Buch so etwas wie die Qualitätskontrolle wart und mir jedes Wochenende beim Sägen, Schneiden und Kleben geholfen habt. Schöne Momente mit der Familie, in denen wir viele Objekte, gute wie schlechte (aber warum ist es zu groß?), schufen, und die es mir ermöglichten, die Techniken in diesem Buch narrensicher zu machen. Liebe Eltern, es ist an der Zeit, auf die Produktion von Objekten umzusteigen!

UND ALLEN ANDEREN ...

Jérémy Janin für das großartige Video zum Buch (auf griottes.fr), Frédéric für seine Geduld mit meinen nicht immer gut passenden Modellen, Dominique für die technische Begutachtung und das nochmalige Lesen der Erklärungen, Laurent für die Tipps zum Neon, Lucie für ihren Engagement, Lior für seine schöne Wohnung, Chris und Nico für ihr so atypisches Studio, Pétrichor für die Blumen, aber vor allem und ganz besonders Ihnen, liebe Leser! Ein riesengroßes Dankeschön!

Bitte besuchen Sie mich auf **WWW.GRIOTTES.FR**

Französischer Originaltitel:
Le grand livre du DIY

Styling und Fotografie: Émilie Guelpa
Art-Direktorin: Émilie Guelpa
Satz: Frédéric Voisin
Redaktion: Dominique Montembault

Umsetzung der deutschen Ausgabe:
Verlagsservice Henninger GmbH, Würzburg

Übersetzung: Hanne Henninger und
Martha Schebella

ISBN: 978-3-86528-823-3
Printed in Spain

www.umschau-verlag.de